TRANSFORMANDO ERROS EM LUCRO

Prezado leitor,

Queremos saber sua opinião sobre nossos livros. Após a leitura, acesse nosso site (www.editoragente.com.br), cadastre-se e contribua com sugestões, críticas e elogios.

Boa leitura!

Ralph Heath

Tradução de Érika Dal Colleto

TRANSFORMANDO ERROS EM LUCRO

COMO APROVEITAR TODAS AS EXPERIÊNCIAS DE GESTÃO E CONVERTÊ-LAS EM VANTAGENS PARA A EMPRESA

Gente editora

Gerente editorial
Alessandra J. Gelman Ruiz

Editora de Produção Editorial
Rosângela de Araujo Pinheiro Barbosa

Controle de Produção
Elaine Cristina Ferreira de Lima

Produção Editorial
Sieben Gruppe Serviços Editoriais

Projeto Gráfico e Diagramação
Cissa Tilelli Holzschuh

Tradução
Érika Dal Colleto

Preparação de Texto
Sally Tilelli

Revisão
Renata Sangeon

Capa
Julio Moreira

Foto de Capa
iStockphotos/studiocasper

Impressão
Assahí Gráfica

Título original: *Celebrating failure*

Rua Pedro Soares de Almeida, 114
São Paulo, SP - CEP 05029-030
Tel: (11) 3670-2500
Site: http://www.editoragente.com.br
E-mail: gente@editoragente.com.br

Dados Internacionais de Catalogação na Publicação (CIP)
(Câmara Brasileira do Livro, SP, Brasil)

Heath, Ralph

Transformando erros em lucros : como aproveitar todas as experiências de gestão e convertê-las em vantagens para a empresa / Ralph Heath ; tradução de Érika Dal Colleto. -- São Paulo : Editora Gente, 2011.

Título original: Celebrating faiture.
ISBN 978-85-7312-749-2
1. Comportamento de risco (Psicologia) 2. Empresas - Falência 3. Falência (Psicologia) 4. Sucesso em negócios I. Título.

11-07126 CDD-650.1

Índices para catálogo sistemático:
1. Erros : Acertos : Sucesso em negócios :
Administração 650.1

Dedico este livro a minha esposa, Joni, que pacientemente ouviu o que eu tinha a lhe dizer e encorajou-me, corrigiu minha gramática e meus erros de soletração. Seu profundo senso de generosidade contribuiu para que eu – um jovem profissional de marketing – me mantivesse na trajetória correta em um mundo de negócios no qual muitos se perderam ao longo do caminho.

AGRADECIMENTOS

Gostaria de agradecer a todos os meus ex-associados na Ovation Marketing ao longo dos últimos trinta anos por suas importantes contribuições neste livro. Quer soubessem ou não, eles me serviriam de grande inspiração. Afinal, este livro discorre principalmente sobre o esforço de cada um deles para sobreviver no mundo da publicidade em uma pequena cidade norte-americana. Meus associados eram e ainda são corajosos indivíduos que continuam a deixar sua marca no mundo da publicidade ou na nova carreira que escolheram seguir.

Entre essas pessoas especiais está Sara Derksen, uma redatora da Ovation, que me encorajou por muitos anos a terminar o que eu havia começado. Sem suas sugestões, colaboração e insistência para que nos mantivéssemos dentro do prazo, receio que este livro poderia ter se tornado mais um daqueles sonhos não realizados (juntamente com o meu "concerto ao vivo" de guitarra, que continua no topo de minha lista de desejos). Na verdade, talvez seja melhor que alguns desses anseios permaneçam como belas aspirações, como é o caso de minha ambição de participar da MLB World Series.* Afinal, o tempo passou e meu corpo já sucumbiu ao processo de envelhecimento. Entretanto, o mesmo jamais ocorrerá com minha mente.

Outra pessoa fundamental é Julie Hatlem, diretora de criação da Ovation por 22 anos e sócia em minha nova empresa, Heath Leadership

* Referência à Liga de Beisebol dos Estados Unidos e Canadá. (N.E.)

Group, que foi sempre uma fonte de inspiração e liderança. Tive o privilégio de me cercar de pessoas criativas como ela, capazes de se ater a detalhes (tudo é importante) e imediatamente voltar os olhos para o quadro geral, onde confesso sentir-me mais confortável.

Finalmente, gostaria de dizer que fui abençoado com uma família incrível. Quero agradecer às minhas irmãs mais velhas, que foram extremamente generosas e me ensinaram que eu seria capaz de conseguir tudo o que quisesse, e a meus pais, que mostraram-me que para realizar tais desejos seria preciso firme determinação. Gostaria também de dizer obrigado às minhas duas filhas, Ana e Natalie – minha maior realização –, pois ambas forneceram-me bastante material para este livro. As crianças mudam para sempre a maneira como vemos o mundo.

Devo muito de meu interesse e minhas ideias sobre liderança aos meus pais. Minha mãe, que em 2009 completou 90 anos de idade, foi professora de gramática e me ajudou a revisar este livro – não sem implorar que eu retirasse as palavras que poderiam ser ofensivas a alguns leitores. Eu aceitei seus conselhos, afinal, ela sempre foi uma senhora dinâmica e decidida que, na década de 1980, trabalhara como chefe de administração do sistema de escolas públicas de Milwaukee. Lembro-me agora de uma história interessante: há muitos anos, durante uma festa, ao ficar sabendo do cargo que minha mãe ocuparia, um dos convidados disse a ela: "Você não percebe que isso é um trabalho para homens?" O silêncio no recinto tornou-se ensurdecedor, uma vez que todos os que conheciam minha mãe temeram pela integridade física do sujeito. Entretanto, sendo uma senhora educada, ela se conteve e relevou o comentário. Ela era uma feminista bem antes de o movimento tornar-se popular.

Meu pai teve vários empregos quando eu era criança, mas finalmente acabou se tornando um consultor financeiro. Quando eu ainda era adolescente, costumávamos ter longas conversas sobre a bolsa de valores e o modo como ela operava. Talvez eu estivesse um pouco à frente do meu tempo quando lhe perguntei sobre a possibilidade de abusos por parte daqueles que gerenciavam o sistema. Na época, ele me assegurou que nossas instituições financeiras eram administradas por pessoas honradas que jamais manipulariam o sistema para benefício pessoal. Infelizmente, ele estava descrevendo apenas a si próprio e aos valores que lhe permaneceriam impecáveis até hoje. Se ele estivesse no comando, o mundo seria um lugar bem melhor para se viver.

Obrigado pelo carinho, meus queridos pais. Amo vocês!

SUMÁRIO

INTRODUÇÃO
OS ERROS NOS ENSINAM A VENCER

Quando se está determinado a usar a derrota como ensinamento para a vitória, é mais fácil estabelecer uma rota definida e refinar seu plano de ação que ficar constantemente tentando diferentes alternativas, a esmo. O pânico logo desaparecerá, juntamente com a depressão, a humilhação e todos os demais sentimentos frustrantes que ocorrem quando vemos a derrota como um desastre que não pôde ser evitado.

– Bill Walsh, treinador norte-americano que figura no American Football Hall of Fame

Fracasso e derrota são os grandes mestres da vida. Uma das razões para o sucesso da Ovation Marketing, empresa que fundei e liderei por 31 anos, foi o fato de meus sócios e eu termos usado as centenas ou, talvez, os milhares de fracassos que obtivemos para alcançar o sucesso. O fracasso é a base sobre a qual são construídas grandes empresas. Quando estávamos no auge de nossa exuberante juventude, considerávamos cada um de nossos erros "a história de horror da semana". Eles eram ao mesmo tempo frequentes e terríveis, mas significavam excelentes oportunidades de aprendizado.

Com o passar do tempo, comecei a me preocupar por não estarmos "errando o suficiente" (pelo menos não tanto quanto errávamos quando éramos uma empresa jovem). Na ocasião, pensei que era porque havíamos aprendido com os enganos do passado e que nos tornáramos mais espertos, não porque havíamos parado de arriscar.

Então, algo aconteceu: uma de nossas associadas cometeu um grande erro ao tentar implementar sozinha uma inovação. Essa é a melhor maneira de se cometer um erro, afinal, os grandes enganos ocorrem justamente porque as pessoas arriscam e tomam decisões para que o trabalho seja feito. Foi um erro de julgamento, e, como disse certa vez o General Omar N. Bradley – general de cinco estrelas e ex-chefe da Junta Militar que assessora a Casa Branca: "Aprendi que julgamento correto vem com a experiência, mas que a experiência surge com os erros".

Minha associada relatou seu equívoco durante uma reunião da qual participavam outras cinco ou seis pessoas e explicou sucintamente como havia aprendido com a lição. Lembro-me de ter pensado: "Tudo bem, isso não foi nada de mais, apenas um engano causado enquanto ela tentava dar o melhor de si; agora que ela já sabe o que fez de errado, não incorrerá no mesmo lapso!" Passei então ao tópico seguinte, pois entendia que havíamos assimilado o erro. Porém, ela repetiu a história para mim mais duas ou três vezes, como se eu estivesse fora da sala na primeira vez em que ela a relatou.

Mais tarde, quando estávamos sozinhos, perguntei-lhe por que ela repetira o ocorrido tantas vezes. Expliquei-lhe que havia escutado da primeira vez e que a tinha perdoado; na realidade, eu a admirei pelo fato de ela ter ousado, por isso relevara imediatamente o ocorrido. Ela então contou-me que vinha de um ambiente em que erros não eram perdoados e que estava acostumada a ser repreendida e punida sempre que se enganava. Na verdade, ela estava esperando que eu a repreendesse, mas, como não o fiz, ela repetiu a história algumas vezes para me dar outra chance de infernizar sua vida! Olhando em retrospectiva, a situação foi cômica!

Aquela experiência me fez parar e pensar. Cada um de nós possui uma história de vida diferente. Além disso, a maioria das pessoas já foi punida no passado por ter cometido erros. Isso me impossibilitava dizer ao meu eclético grupo de associados que não tivesse medo de errar e esperar que eles nunca se equivocassem (no passado, eu acreditava ser capaz de gerenciar pessoas desse modo, mas agora percebo que isso é impossível!). Hoje compreendo que líderes e *coaches* de sucesso precisam valorizar experiências que celebram os erros como meio de aprendizado e que tais histórias precisam ser repetidas inúmeras vezes para que os ouvintes as compreendam e acreditem nelas. O objetivo é contrapor as noções de que "errar é ruim" e de que "aquele que errar será repreendido, punido, às vezes até de maneira física, ou demitido sumariamente".

Desse modo, continuarei repetindo esse refrão para convencer a todos que compartilhem comigo a crença de que os erros engrandecem. Meus associados precisam superar o medo de enfrentar uma derrota e de cometer erros sabendo que seu chefe não somente aceita que equívocos sejam cometidos como acredita que errar é uma necessidade. É fundamental que eles entendam que não serão punidos.

Depois de mais de trinta anos no mundo dos negócios, estou absolutamente convencido de que a maneira mais rápida de se tornar bem-sucedido é não temer o erro. Para desempenhar um bom trabalho, alcançar o sucesso e manter sua empresa competitiva, todos os líderes e profissionais na linha de frente precisarão estar dispostos a arriscar: eles terão de gerar ideias e planos, fazer apresentações, oferecer conselhos e sugerir tecnologias e produtos ousados e inovadores sem medo de derrotas, rejeições ou punições.

Entretanto, para se conseguir esse feito, é fundamental que líderes e gestores encorajem a assunção de riscos e a aceitação de possíveis derrotas. Para alguns, isso pode parecer apenas uma demonstração de fé, pelo menos até o dia em que você experimentar em primeira mão os benefícios do insucesso! Enquanto isso, espero que as histórias espetaculares dos meus infortúnios e as lições que meus associados e eu aprendemos com eles sirvam de inspiração para que você aprenda a "celebrar o erro."

CAPÍTULO 1
ACENDENDO O FOGO

Sucesso não ocorre por combustão espontânea.
É preciso acender o fogo.

– FRED SHERO, TREINADOR DA LIGA NACIONAL DE HOCKEY

Lembro-me de um sábado frio na primavera de 1957, quando eu e meu melhor amigo, Edgar Hoffman, brincávamos com fósforos no porão de uma casa rústica que estava sendo construída em nossa vizinhança, em Milwaukee. Como era final de semana, os empregados da obra não estavam no local, o que permitiu que transitássemos livremente pela obra.

Cada um de nós construíra seu próprio forte no local, mas Edgar cometera um pecado muito comum no mundo empresarial – o de engrandecer suas realizações – ao declarar que havia produzido uma aconchegante fogueira dentro de seu espaço. Eu considerei aquilo um desafio (estava congelando e, além do mais, sempre gostei de competir!). Então, o pouco de testosterona que eu possuía veio à tona e logo comecei a fazer uma fogueira maior do que a de Edgar. O problema é que nossos fortes eram feitos de palha, portanto, não demorou muito para eu causar um grande incêndio.

Carros de bombeiros são assustadores para qualquer criança – especialmente se ela sabe que existe responsabilidade criminal quando se causa um incêndio na obra de uma casa nova em construção. Lembro-me de ter sido colocado de castigo, à espera da punição. Aquela definitivamente não era a melhor hora de perguntar aos meus pais se eu podia ajudar os bombeiros. Recordo-me de permanecer esperando no quarto certo de que ficaria ali por muito tempo ou, pior ainda, de que seria levado para o centro de detenção juvenil.

Eu nunca soube quem chamou o Corpo de Bombeiros, mas sei que foi o meu pai quem chamou a polícia depois que o fogo já havia sido debelado. Ele disse que o filho dele era o causador do incêndio. Anos mais tarde, ele me confessou que aquela tinha sido a atitude mais difícil que ele tomara. Eu disse a ele que o admirava por isso, pois chamar a polícia era o certo a se fazer e eu sabia que meu pai sempre fora honesto. (Quatro anos mais tarde, meu pai nos levou a um *drive-in* e o vendedor de ingressos perguntou qual a idade de todos que estavam no carro. Meu pai disse que Edgar havia completado 12 anos no dia anterior e que, portanto, não era elegível para assistir ao filme de graça. Ele teve de comprar mais um ingresso, o que na época considerei um "desperdício de dinheiro". Contudo, depois de algum tempo, percebi que ele estava apenas nos dando um exemplo de honestidade – um exemplo que continuarei a seguir pelo resto de minha vida.)

Naquele dia, aprendi muitas lições importantes: quando se comete um erro, é melhor simplesmente dizer a verdade e encarar as consequências. Não havia sido um incêndio premeditado – eu estava simplesmente tentando me aquecer e fui estúpido ao tentar competir com meu amigo, que era dois anos mais velho que eu e, também, mais esperto.

O FATOR ERRO

Seja honesto. O indivíduo corajoso assume seus erros e aprende as lições que eles oferecem.

Meu pai sabia que depois de ser colocado de castigo eu estava tão assustado com o que fizera que ele não precisava mais me punir. Com sua sabedoria, ele apelou para o meu remorso e disse que estava decepcionado comigo, mas que sabia que eu era capaz de me comportar melhor da próxima vez.

Isso é o que presidentes de empresas devem fazer. Em geral, as pessoas estão sempre tentando fazer o melhor trabalho para agradar o chefe. Às vezes, em nossa frustração com determinado empregado, esquecemos de um importante detalhe: eles já se sentem horríveis o suficiente quando cometem um erro, portanto, na maioria das vezes, o melhor a se fazer é encorajá-los a alcançar um padrão mais alto da próxima vez.

A parte boa de cometer um erro é que, agora que sua moral está bem baixa, você tem a oportunidade de corrigir o problema sugerindo uma boa solução. É uma boa chance de demonstrar que você sabe ouvir, entende o que fez de errado e saberá resolver o problema da próxima vez. Além disso, todo mundo adora histórias sobre indivíduos que erraram, superaram seus fracassos e alcançaram o sucesso.

Ironicamente, compreendi anos mais tarde que causar pequenos incêndios é o que os presidentes de empresas mais fazem. Portanto, quando causei aquele incêndio aos 6 anos de idade, estava apenas treinando para o meu mais alto cargo – o de líder e presidente de uma empresa.

A missão de um líder é procurar oportunidades para expandir seu empreendimento e motivar seus funcionários, cada qual em sua área de especialização, a elevar o nível de seus serviços a novos patamares. Mesmo que você esteja dirigindo uma empresa pequena, semelhante à minha antiga agência de publicidade, não lhe será possível dirigir sozinho e de modo eficiente as operações de sete ou mais departamentos. Será necessária a formação de um grupo de pessoas inteligentes, talentosas e altamente motivadas, capazes de identificar o pequeno incêndio que você porventura tenha causado e assumir a tarefa de implantar mudanças dentro da empresa a fim de que se possa atingir metas mais ousadas. Vale lembrar que, depois que você acendeu a primeira chama em determinado departamento, certamente acenderá outras nos demais e, assim, poderá pregar o conceito de "teste pelo fogo" e todas as lições que aprendemos com ele.

A história do "incêndio no forte" foi uma das muitas que me levaram a escrever este livro. Sou grato ao meu pai por ter agido de modo ponderado e permitido que eu me recuperasse do erro.

LIÇÕES DO CAPÍTULO 1

MUDE SUA RESPOSTA AO ERRO

Celebre a lição. Como líder, quando confrontado com um erro cometido por alguém em sua empresa, elogie a intenção do indivíduo, sua iniciativa de risco ou o que quer que esteja envolvido na situação. Encontre algo positivo e reconheça. Não permita que o lado negativo do equívoco domine você ou sua equipe. Seja rápido ao aplicar a lição aprendida. Isso é fundamental se quiser que as pessoas se arrisquem e cheguem mais alto e mais longe. É preciso amortecer a queda quando o fracasso ocorre. E lembre-se – fracassos acontecem!

Alimente a chama em seus funcionários. A verdade é a seguinte: as pessoas que fracassam são as mesmas que serão bem-sucedidas. Elas já estão sofrendo a decepção do fracasso e estão ansiosas para superar o ocorrido e provar sua capacidade. Tenha compaixão e ofereça-lhes entusiasmo, energia e desejo para que sigam em frente. Elas precisam de sua total confiança e apoio para que não apenas terminem o trabalho do dia, mas voltem no dia seguinte cheias de autoconfiança e propondo novas e ousadas soluções.

Divulgue. Da próxima vez que você fracassar ou cometer um erro relevante, convoque uma reunião e comunique à sua equipe. A princípio, isso poderá lhe causar um medo terrível, mas depois você sentirá uma enorme sensação de liberdade. Lembre-se da sensação: a ausência de medo. Quando você compartilhar seu erro, diga também o que aprendeu com ele e o que fez para corrigi-lo (na medida do possível) ou preveni-lo da próxima vez. Aproveite essa oportunidade para mostrar à sua equipe seu comprometimento com o negócio.

CAPÍTULO 2
RESISTÊNCIA ÀS MUDANÇAS

Não há assunto mais delicado, mais perigoso e mais incerto que liderar um processo de mudanças. Aquele que inova terá como inimigos todos os que estão confortáveis com as coisas do jeito que estão, mas, ao mesmo tempo, terá apoio limitado dos que talvez se beneficiem com as alterações.

– Niccoló Machiavelli

Líderes precisam ser protetores de novas ideias. Há muita gente disposta a aniquilar novas sugestões antes mesmo que elas tenham a chance de brotar e crescer. O principal motivo para isso é que novas ideias representam mudanças, mas as pessoas raramente aceitam bem quaisquer alterações no *status quo* logo quando são sugeridas; em vez disso, elas se agarram à maneira como tudo sempre foi feito.

No início de minha carreira, participei do conselho diretivo de uma instituição de caridade. A diretora-executiva da organização não gostava de novas ideias, especialmente se a sugestão viesse de alguém que fazia parte do conselho, pois ela simplesmente desdenhava nosso grupo. Havia, contudo, outros problemas de liderança. Finalmente, sua atitude negativa tornou-se insustentável e foi feita uma votação para apurar se ela deveria ou não permanecer no cargo. Essa não foi uma das melhores experiências de minha vida. Por fim, ela sobreviveu no cargo, mas recebeu um "Plano de Melhorias" bastante direto e duro, com o qual ela discordou, assinando apenas sob protestos. Um dos principais itens do "Plano de Melhorias" estabelecia que ela deveria aceitar ou, pelo menos, considerar novas ideias.

Cinco minutos depois que ela assinara o documento, um conselheiro corajoso levantou-se e fez uma sugestão: inserir na recente petição um novo dado que fora apresentado ao conselho, cujos efeitos seriam positivos sobre a instituição, para levantar recursos para as obras de caridade. Ele também propôs que a nova informação fosse apresentada aos membros que estavam prestes a renovar suas contribuições. Eu considerei a ideia excelente, mas, como era de costume, a diretora acabou com o pobre conselheiro, dizendo-lhe que o contador da organização dissera a ela que ninguém prestava atenção àquele tipo de informação e que ela não aceitaria sua incorporação ao documento.

Em apoio ao conselheiro que sugeriu a ideia, eu me manifestei e insisti que a ideia era excelente (afinal, sentia-me fortalecido pelo novo Plano de Melhorias e estava farto de vê-la acabar com toda ideia nova que era trazida para a reunião). Mais tarde me foi dada a tarefa de reescrever a petição, inserindo a informação relevante. A diretora-executiva nunca conseguiu mudar seu estilo negativo de gestão, e, passados três meses, o conselho de diretores realizou uma segunda votação; dessa vez, ela foi demitida por unanimidade. Foi uma decisão corajosa para um conselho voluntário.

Ao longo dos anos, tenho trabalhado com pessoas que tratam novas ideias da mesma maneira. Um gerente de contas trazia uma ideia nova sobre como melhorar um produto idealizado pela área de Criação, e o gerente de Criação simplesmente a boicotava, às vezes publicamente. Um redator de anúncios surgia com uma sugestão sobre como melhorar a propaganda de um cliente e o gerente da conta imediatamente afirmava que a nova ideia não funcionaria ou lançava mão do jargão da área: "Já tentamos isso antes". É interessante o fato de geralmente não haver qualquer hesitação por parte das pessoas em minar uma ideia assim que ela surge!

Por que, afinal, as pessoas preferem se agarrar ao passado e imediatamente descartam novas ideias? A resposta é simples. Aceitar uma nova ideia exige uma mudança no modo de pensar. Quando um indivíduo está acostumado a agir de determinada maneira já há algum tempo e alguém tenta invadir seu território e sugerir algo que se contrapõe de algum modo ao pensamento até então estabelecido, algo que possa lhe parecer uma ameaça, a primeira reação é atacar a ideia.

O FATOR ERRO **Supere seus temores. Não deixe que o medo de mudanças impeça você de assumir riscos e cometer erros.**

É possível ensinar as pessoas a aceitar novas ideias que se contrapõem ao pensamento delas? Bill Bernbach, um dos fundadores da Doyle Dane Bernbach (DDB), um ícone da publicidade, mais conhecido pela criação da vinheta "Pense Pequeno" para a Volkswagen na década de 1960, costumava carregar consigo um pequeno papel, retirá-lo do bolso e lê-lo em voz baixa toda vez que surgia alguma discussão durante uma reunião. No papel estava escrito: "Ele pode estar certo. Quando ouvimos novas ideias, precisamos respirar fundo, dar um passo atrás e dizer a nós mesmos 'ele pode estar certo'".

Procuro fazer isso sempre que surge uma nova ideia, mesmo quando ela está em desacordo com meu modo de pensar. Precisamos aprender como as outras pessoas pensam, pois, do contrário, ficaremos eternamente presos aos nossos velhos hábitos.

A verdade é que muitas ideias que nos são apresentadas ao longo da vida são excelentes, apenas nunca as havíamos escutado antes.

Nós as combatemos instintivamente somente porque não se adaptam à maneira como pensamos. Você consegue imaginar o que teria acontecido se Jonas Salk* tivesse levado sua ideia de vacina a um grupo de estudos, como fazemos hoje com tantas campanhas de publicidade, e dito "vamos injetar o vírus da pólio nessas pessoas?" Provavelmente ele teria sido preso. Porém, seu conceito de combater uma doença por meio da ativação das defesas naturais do organismo contra determinado vírus salvou milhões de vidas e mudou para sempre a maneira como preservamos nossa saúde.

Particularmente, procuro sempre ser receptivo a novas ideias. Por isso, às vezes faço um jogo mental em que parto da premissa correta de que o mundo está mudando rapidamente e que, se eu não aceitar novas ideias, serei obrigado a viver no passado, deixando o mundo passar à minha frente. Uma empresa pode às vezes ignorar certas mudanças pequenas e ainda assim sobreviver, mas, se não estivermos preparados quando as grandes mudanças se tornarem necessárias, teremos enormes dificuldades para sobreviver.

Um exemplo disso é o erro que a minha agência de publicidade cometeu muitos anos atrás. Na época, havíamos investido pesadamente em computadores "Compugraphic" (talvez você nunca tenha ouvido falar sobre esse modelo de computador, mas cada um deles custava cerca de 40 mil dólares. Eram essenciais para o ramo de publicidade na década de 1980, pois eram usados na realização de impressões mecânicas em uma página. Em vez do sistema de selecionar e clicar usado atualmente, a técnica previa a movimentação do cursor pela tela por meio da determinação da longitude e latitude do local na página). Dizer que os computadores Compugraphic eram

* Existem dois tipos disponíveis de vacinas contra a poliomielite, ambas eficazes. A primeira foi desenvolvida por Jonas Salk, cientista norte-americano (a vacina inativada – IPV) e a última, usada no Brasil, é a vacina oral de vírus atenuado (OPV), criada por Albert Sabin. (N.E.)

lentos e demasiadamente técnicos era tão óbvio que se tornava risível! O fato é que nós possuíamos quatro daqueles dinossauros, praticamente novos!

Um dia surgiu a ideia de adquirirmos um desktop da Apple e, com isso, a possibilidade de trabalharmos de maneira mais leve e ágil. Nossa empresa comparou exaustivamente os computadores Compugraphic que tínhamos com os equipamentos da Apple de que precisávamos. O fato é que a Apple passou como um trator sobre os arcaicos Compugraphic! Ainda assim, algumas pessoas na empresa, em especial aquelas que trabalhavam diretamente com os velhos Compugraphic, preferiam mantê-los. Eles tinham tanto medo do novo produto e das mudanças que teriam de enfrentar em seu dia a dia que não conseguiam ver as vantagens dos Macs em relação aos Compugraphics, embora elas fossem evidentes. Felizmente, fomos sensatos, engolimos nosso orgulho e investimos pesadamente no novo equipamento da Apple, ainda em tempo de sermos competitivos e salvarmos nossa empresa.

LIÇÕES DO CAPÍTULO 2

ACEITE NOVAS IDEIAS

Crie um ambiente favorável a novas ideias. Faça da sua empresa um lugar onde novas ideias sejam valorizadas. Você pode contribuir para esse processo dando atenção imediata a elas, independentemente de quão heterodoxas possam parecer (por exemplo: "Essa ideia é bem ousada, Pedro. Vamos pensar um pouco a respeito.").

Proteja as pessoas que geram novas ideias. Frequentemente, essas pessoas são pensadores livres e costumam deixá-lo(a) louco(a), mas são muito valiosas para uma empresa. Novas ideias são fundamentais para uma organização. Assim como as pessoas, as empresas também precisam ser flexíveis e se adaptar. A escolha é simples: mudar ou morrer.

Impulsione novas ideias. Novas ideias precisam de protetores e de quem as impulsione. Necessitam de um pastor para guiá-las ao longo dos difíceis processos estabelecidos por comitês e grupos de estudo que, em geral, são inimigos mortais de novas sugestões e cujo único propósito é, frequentemente, aniquilar qualquer nova proposição. Você precisa aprender a se defender do ataque que normalmente surgirá com frases do tipo: "Já tentamos isso antes;" "O cliente não vai gostar;" "Não temos tempo suficiente;" ou "Não temos recursos suficientes para investir nisso".

Vença os inimigos das novas ideias. Você estará diante de opositores formidáveis, portanto, precisa estar preparado ou será derrotado! Talvez seja interessante convidá-los a opinar sobre como melhorar determinada área do negócio (talvez não a área em que eles atuam). Faça-os pensar em ideias e se envolver com a experiência. Provavelmente você ouvirá ótimas soluções. Sempre que resistirem a uma nova sugestão, dê a eles a responsabilidade de encontrar uma maneira de superar algum obstáculo que eles já tenham identificado.

CAPÍTULO 3
PENSANDO GRANDE

Já que você vai pensar, pense grande. — DONALD TRUMP

Faço um trabalho de caridade para uma área de recreação ao ar livre em minha cidade construindo trilhas de *mountain-bike*. Meu maior desafio no início foi fazer o grupo com quem trabalho "pensar grande". Alguns no grupo preferiam fazer tudo de maneira mais barata, em escala pequena, ao passo que a minha visão era bem mais ambiciosa – eu queria criar uma referência em trilhas de *mountain-bike* no centro-oeste dos Estados Unidos.

De certo modo, a experiência me faz recordar os primórdios de minha antiga agência de publicidade. Em 1982, depois de quatro anos batalhando com contas de publicidade pequenas, locais, eu tive uma visão: não poderíamos gerir uma agência de publicidade bem-sucedida, sediada em uma pequena cidade de Wisconsin, nos Estados Unidos, se continuássemos a pensar pequeno e trabalhar com contas locais. Era óbvio que nunca cresceríamos nem enriqueceríamos se continuássemos a sobreviver de comerciais de TV para revendedores de automóveis locais e fazer logotipos e cardápios para restaurantes da região. Precisávamos ser mais arrojados e acreditar que seríamos capazes de convencer as principais marcas mundiais a permitir que lhes prestássemos nossos serviços em um nicho de trabalho criativo, mesmo a partir daquela remota localidade.

Não se pode ir longe com uma ideia pequena, porém, existe no mundo da publicidade a tentação de optar pelo conceito de "segurança". A lógica por trás dele se baseia no medo: o temor de que o cliente não aprove a proposta arriscada e ousada que lhe for apresentada (e muitos não irão mesmo!) por medo de perder o próprio emprego. Contudo, abordagens arriscadas e ousadas são exatamente as que atravessam as barreiras da publicidade e trazem resultados positivos para o cliente. Às vezes, grandes ideias promovem grandes mudanças – alterações que perturbam o *status quo* e forçam uma viagem ao desconhecido. É sempre um desafio aconselhar um indivíduo a abraçar o conceito de mudanças, assumir riscos, ser ambicioso e trabalhar fora de sua zona de conforto. Mas é aí que residem as grandes ideias – e elas são fundamentais para o sucesso no mundo da publicidade.

O FATOR ERRO

Saia da zona de conforto e vá além do que considera seguro.

Entretanto, o desafio de "pensar grande" não se aplica somente ao mundo da publicidade. É universal! As pessoas que ganham muito dinheiro são ambiciosas – e arriscam muito. Elas não estão apenas dispostas a seguir pela "estrada menos utilizada", mas também a construir uma nova, onde não havia estrada alguma! Nossa agência trabalhou com marcas nacionais e internacionais bastante reconhecidas; mesmo assim, muitas vezes, foi difícil convencer nossos clientes a encarar e aceitar ideias criativas e anticonvencionais por medo de serem ridicularizados se a ideia falhasse. Era mais fácil e seguro manter-se abaixo do radar e apegar-se a ideias modestas e já testadas. Lamentavelmente, ideias "seguras" raramente atingem resultados significativos em termos de vendas.

Se você deseja descobrir se é pouco ambicioso e muito cuidadoso, questione-se:

1. Aonde minhas escolhas de vida estão me levando?
2. Prefiro mudanças que consigo administrar?
3. Busco aprovação rápida?
4. Estou sempre dando passos pequenos e cuidadosos?
5. Proponho apenas ideias seguras?
6. Minha principal preocupação é a segurança?
7. Temo o desconhecido?
8. Receio o fracasso?
9. "Penso **Pequeno**"?

Ou será que...

1. visualizo o futuro?
2. sinto-me empolgado com mudanças criativas?
3. procuro soluções não convencionais?
4. acolho desafios?
5. assumo riscos?
6. atiro-me em direção ao desconhecido?
7. "Penso **Grande**"?

Antes de responder, considere alguns exemplos de "pensamento pequeno" sobre ideias que se tornariam, posteriormente, realidade:

Esse tal "telefone" apresenta muitos defeitos para ser seriamente considerado como um meio de comunicação. O aparelho não possui nenhum valor intrínseco para nós.

– Western Union, 1876

Não há nenhuma razão para alguém querer um computador em casa.

– Ken Olson, CEO e fundador da Digital Equipment Corp., 1977

Acredito que 640 K seja o suficiente para qualquer usuário.

– Bill Gates, 1981

LIÇÕES DO CAPÍTULO 3

PLANEJE SUA VIDA COMO SE O FUTURO JÁ EXISTISSE

Considere grandes mudanças na vida. Passe meia hora por semana em um "planejamento para o futuro." Pergunte a si próprio: "O que vem a seguir?". Liste o maior número possível de questões intrigantes sobre potenciais mudanças em seu negócio ou sua vida pessoal. Um exemplo de minha experiência: quando percebi que minhas filhas logo iriam para a faculdade, pensei sobre que mudanças isso traria para a minha vida e como eu poderia me preparar para elas. Entre outras coisas, resolvi aproveitar mais a convivência com elas.

Pense sobre as maiores mudanças que estão ocorrendo no mundo e em como elas poderão impactar seu empreendimento. Explore os aspectos positivos e negativos envolvidos, tais como alterações na legislação, na economia, na concorrência global, no clima, nos custos de energia ou no desenvolvimento de novos mercados. Como cada uma dessas mudanças irá impactar sua empresa e seus clientes? Como você poderá se adaptar a elas? Por exemplo, um aumento nos custos de energia exigirá mais eficiência na entrega de produtos e serviços aos clientes. Como seu empreendimento será capaz de alcançar maior eficiência?

Abrace mudanças em sua vida. Assumir riscos e encarar mudanças o tornam ansioso ou desconfortável? Comece com pequenas mudanças. Mude sua rotina matinal. Troque os móveis de lugar. Tente um novo esporte. Você se surpreenderá ao ver como pequenas alterações em seus hábitos são capazes de colocá-lo no caminho certo para encarar mudanças maiores com mais entusiasmo e uma atitude mais positiva.

Pergunte a si mesmo: "O que tenho medo de mudar?". Então mude – mesmo que isso seja apenas uma maneira de começar. Demonstrar uma atitude destemida pode garantir mais energia à sua vida e mais valor para os seus relacionamentos pessoais e profissionais. Isso o tornará parte de um seleto grupo de líderes, pois, enquanto muitas pessoas ainda estarão apenas tentando sobreviver no presente, você já estará planejando e criando o futuro.

CAPÍTULO 4
LIDERANÇA A PARTIR DA RETAGUARDA

Para liderar, mantenha-se atrás das pessoas. — Lao Tzu

Minhas duas filhas, as quais adoro, ensinaram-me muito sobre liderança. Quando eram pequenas, notei que sempre que íamos caminhar pela mata na vizinhança de nossa casa, e eu seguia na frente, elas sempre reclamavam da dificuldade de subir o morro íngreme e de completar a caminhada. Quando elas estavam com 5 e 6 anos, aquela idade terrível, eu sempre precisava lembrá-las de que ambas já haviam feito aquele percurso várias vezes e que, portanto, eram plenamente capazes de repeti-lo. Mas logo aprendi que se eu ficasse para trás e fingisse certa dificuldade para alcançá-las, elas dobravam o esforço e assumiam o papel do pai, ou do líder. "Vamos lá, papai, isso é legal, você consegue nos alcançar." A diferença no nível de energia das meninas era evidente e indiscutível e eu logo aprendi que deveria ficar sempre na retaguarda toda vez que tivéssemos uma caminhada exaustiva. Gosto de pensar que ainda estava liderando a caminhada; apenas o estava fazendo "a partir da retaguarda", o que pode ser uma posição privilegiada. Há semelhanças entre a maneira como lideramos nossos filhos e as pessoas com quem trabalhamos.

Liderar a partir da retaguarda possibilita que sua equipe assuma a responsabilidade pela liderança. Se seus colegas de trabalho estão apresentando soluções, eles estão mais aptos a assumir a paternidade daquela ideia; no entanto, quando eles acreditam realmente que são os responsáveis por ela, elevam de modo considerável as chances de sucesso.

Particularmente, concluí que liderar a partir da retaguarda é um método bastante eficiente. Foi isso o que fiz em minha agência de publicidade por trinta anos. É difícil manter vivo o conceito de liderança e fazer sua equipe seguir suas instruções quando todos já trabalham com você há muito tempo. Liderar a partir da retaguarda permitiu que todos os integrantes desenvolvessem seus pontos fortes e aumentassem sua autoconfiança.

Infelizmente, esse não é o método adotado pela maioria dos pais e/ou líderes empresariais. Gurus de administração e especialistas em educação infantil nos fazem supor que devemos estar sempre à frente, no topo do morro. Caso contrário, seremos considerados fracos, incapazes ou simplesmente não estaremos fazendo o nosso trabalho. Liderar a partir da dianteira é uma filosofia que se baseia em testosterona; é apropriada em certos casos, mas não em todos. Por exemplo, tivemos, certa vez, um cliente que ficou insatisfeito porque considerou que minha agência ou, mais especificamente, que eu não tivesse dedicado atenção suficiente à sua conta. Não era verdade. Eu estava de fato liderando a partir da retaguarda, participando de reuniões semanais que visavam explicitamente explorar maneiras de instituir nessa conta um pensamento estratégico, de nível executivo, e, assim, agregar valor ao nosso cliente. Porém, eu permaneci atrás das cortinas e deixei que meus associados apresentassem nossas ideias (conseguimos resultados bem melhores quando não nos importamos com quem levará o crédito). Talvez eu tenha exagerado, e o cliente tenha pensado que a sua empresa não estava recebendo a devida atenção de minha parte. Portanto, não é uma estratégia para todas as ocasiões, mas geralmente é eficaz. Esse estilo de liderança refere-se a um tópico que você verá com frequência neste livro: a maioria das pessoas quer ter o controle do próprio destino, e é importante permitir que elas liderem. Quando eu estava na frente, liderando minhas filhas na subida do morro, elas eram obrigadas a seguir o meu caminho e o meu passo. Elas tinham pouco ou nenhum controle, o que, em geral, deixa qualquer indivíduo em uma situação desconfortável.

FATOR ERRO

Dê um passo atrás. Se quiser encorajar o espírito de liderança em outras pessoas, deixe que elas liderem. Aceite soluções alternativas, diferentes das suas, e permita que novos erros ocorram sem punição.

Algumas das decisões e realizações das quais eu mais me orgulho na Ovation são aquelas nas quais outros lideraram o processo. Por exemplo, anos atrás conquistamos uma nova conta que envolvia a criação de catálogos de mercadorias de marca para a Anheuser-Busch.* Um dos catálogos continha mais de 200 páginas e grande quantidade de informações, que incluía preços, tamanhos, cores, composição etc. A informação do produto nos catálogos mudava com frequência e, geralmente, na última hora. Na primeira vez em que fizemos o catálogo, perdemos muito dinheiro tentando encaixar o projeto dentro do prazo que havíamos estimado como suficiente para concluir o trabalho. Administrar todas as unidades de estocagem** estava nos enlouquecendo, mas

* Foi no passado a terceira maior produtora mundial de cerveja. Posteriormente, esta empresa norte-americana foi adquirida pela cervejaria belgo-brasileira InBev. O novo grupo é agora a maior cervejaria do mundo. (N.E.)

** Referência aos SKUs (*stock-keeping unit*), número de itens em catálogos individuais. (N.T.)

as pessoas que mais sofriam com a nossa incapacidade em administrar a situação eram aquelas que estavam na linha de frente tentando oferecer o melhor trabalho possível ao nosso cliente.

É tarefa do líder fazer que todos compreendam o desafio do empreendimento – porque é inaceitável continuar a perder dinheiro – e encorajá-los para que as soluções surjam principalmente entre aqueles que estão mais próximos do problema. Nossa equipe acabou desenvolvendo um excelente banco de dados, batizado por nós de Mente Mestra, que nos permitiu gerenciar toda a informação de modo eficiente. O programa criado foi igualmente reverenciado por nós e pelo cliente. Para mim, o desenvolvimento do Mente Mestra foi um excelente exemplo de como se pode liderar a partir da retaguarda e permitir que associados e colaboradores encontrem a solução correta para o desafio.

Entretanto, imagine se o Mente Mestra tivesse sido uma solução imposta pela direção da empresa; simplesmente atirada aos funcionários com a típica instrução "use-a ou morra". Acredito que nossa chance de celebrar um novo fracasso teria sido bem grande. Embora o Mente Mestra tenha sido uma solução bastante eficiente para armazenar toneladas de informação, ele ainda exigia um tremendo esforço dos profissionais no sentido de alimentar o sistema com informações corretas e mantê-lo atualizado. Porém, o Mente Mestra poderia ter se tornado um clássico exemplo de "entra lixo, sai lixo" se as pessoas que manipulassem o programa não fossem diligentes em mantê-lo devidamente organizado. Entretanto, quem melhor para manter o sistema em pleno funcionamento que as próprias pessoas que o criaram e que, portanto, sentiam-se responsáveis por seu sucesso?

Depois que acrescentamos o Mente Mestra ao nosso portfólio de serviços, sempre que encontrávamos um cliente em potencial, adivinhe que programa nossos associados ofereciam entusiasticamente como solução (e com uma sinceridade de trazer lágrimas aos olhos)? Liderar a partir da retaguarda, em casos como esse, supera todas as demais alternativas.

É necessário líderes com grande autoconfiança para permitir que outros resolvam os maiores problemas de sua empresa. Afinal, a maioria das pessoas assume que líderes ganham bem mais que seus colaboradores justamente para resolver os grandes problemas. Mas, na realidade, a principal responsabilidade do líder é habilitar a sua equipe a encontrar a melhor solução enquanto ele conduz o navio. Se você criar um ambiente no qual futuros líderes possam vir para a linha de frente e aplicar em primeira mão seus conhecimentos na resolução de problemas, a empresa atingirá seus objetivos de modo muito mais eficiente. Isso acontecerá sob o comando do líder e terá um apoio sem paralelos daqueles que criaram a solução.

LIÇÕES DO CAPÍTULO 4

CONFIE NA SUA EQUIPE

Você consegue seguir o direcionamento de outra pessoa? Líderes naturais geralmente podem dominar um grupo, mas, ao mesmo tempo, ter dificuldades em assumir o papel de liderado. Você se sente ameaçado quando outros lideram? Se você sempre se encontra na posição de comando, considere maneiras de desenvolver a sua habilidade para assumir outros papéis, assim você não terá de ser sempre o líder.

Compartilhe o controle. Se você está acostumado a ter sempre o controle da situação, como você poderia dar mais autonomia aos outros na realização do trabalho? Você é capaz de dividir os projetos em fases de execução e delegar responsabilidades a outros indivíduos em suas respectivas áreas de atuação? Você consegue aceitar a ideia de que, mesmo sem você, o mundo continuará girando?

Distancie-se da empresa por algum tempo. Se você se considera indispensável, talvez não esteja treinando e preparando adequadamente sua equipe. Se você tivesse de se afastar da empresa por um mês, em férias normais ou em uma licença sabática, a empresa funcionaria normalmente sem a sua presença? Uma das responsabilidades do líder é atuar como um mentor para seus colaboradores. Considere como você pode transformar isso em uma prioridade.

CAPÍTULO 5
UM SOCO NO ESTÔMAGO

A vitória torna-se ainda mais doce depois que você experimentou a derrota.

– MALCOLM S. FORBES

Quando eu estava no colegial, alguns dias antes do início do semestre, fui eleito capitão do time de natação. A disputa fora entre o melhor nadador do time, Kurt Bruins, um atleta incrível capaz de vencer o campeonato estadual dos 50 metros estilo livre, e eu, cuja única maneira de chegar ao campeonato estadual de natação seria comprando um ingresso para o evento! Na época, eu era um nadador de nível médio, porém, havia terminado o semestre anterior como zagueiro em nosso time de futebol. Por alguma razão, suspeitava que os eleitores me consideravam mais qualificado como líder do que meu colega nadador. O treinador da escola adorava Kurt e o treinara desde os 5 anos de idade, sendo para o jovem literalmente o pai que ele nunca tivera. Contudo, eu não tinha o mesmo privilégio – o treinador não gostava de mim um décimo do quanto admirava Kurt. Na verdade, pelo fato de eu ser um jogador de futebol, acho que ele duvidava de minha lealdade à natação. Naquele tempo, por algum motivo, os dois esportes não se misturavam, e eu era o único jogador de futebol que também estava na equipe de natação. Eu gostava de nadar e, naquela noite, voltei para casa feliz e orgulhoso depois de ter sido eleito capitão do time.

Estava radiante e, então, contei à minha família e aos meus amigos sobre minha façanha. Aquele fora o ponto alto de minha liderança na equipe de natação.

No dia seguinte, o treinador, que não estivera presente à reunião na noite anterior e que havia mandado seu assistente conduzir a eleição, procurou-me no intervalo das aulas: "Ralph, houve um problema com a contagem dos votos na noite passada. Os votos não totalizam o número de pessoas que estavam presentes na reunião e, além disso, estou chocado que o Kurt não tenha sido eleito capitão da equipe. Eu achei que nem precisaria comparecer à reunião para dar uma força ao Kurt porque ele deveria ser o capitão; imaginei que todo mundo votaria nele. Mal posso crer que a eleição tenha sido apertada".

Aquele não era exatamente o apoio que se espera receber do treinador um dia após ter sido eleito capitão da equipe, mas eu sabia que o treinador não era propriamente um exemplo de liderança. Eu respeitosamente lembrei o treinador que ser o capitão tinha a ver com liderança e não necessariamente com ser o nadador mais rápido, o que eu admitia ser o meu caso. "Bem, eu estou preocupado com o número de votos," ele disse. "Então, providenciarei uma nova eleição hoje à noite, a menos que você concorde em trabalhar como vice-capitão de Kurt."

Depois de muito tempo, enquanto escrevia este livro e refletia através do filtro do tempo, percebi que o pedido não era, afinal, um disparate. Aliás, se o treinador tivesse dito: "Parabéns, Ralph, e, a propósito, decidi nomear o Kurt como vice-capitão devido à contribuição única (velocidade) que ele oferece à equipe", eu teria dado as boas-vindas ao Kurt, mas a falta de habilidade do treinador em lidar com pessoas e em solucionar problemas era evidente. Naquele momento, irritei-me com o baixo nível da argumentação e com a sugestão de que houvera algo de errado com a eleição, o que na realidade era apenas uma maneira de desviar a conversa. Ele lançou a história da possível irregularidade na contagem dos votos para cima de um idealista de 17 anos de idade, cujos ídolos eram Muhammad Ali e John Lennon. Eu simplesmente disse a ele que não queria dividir o posto naquelas condições. Além disso, afirmei veementemente que não tivera nada a ver com a contagem dos votos, visto que coubera ao próprio assistente dele conduzir a reunião e a contagem. Acrescentei que não considerava oportuna uma segunda votação e que, de qualquer maneira, não poderia estar presente naquela noite, pois já havia marcado uma viagem com amigos. E, de fato, eu não compareci. O treinador apareceu na segunda eleição e fez um discurso apaixonado no qual explicou por que Kurt era o candidato ideal para o posto de capitão. Kurt foi eleito na segunda votação com a vantagem de apenas um voto, e eu estava ausente! vinte e quatro horas – foi o tempo em que permaneci como capitão da equipe de natação.

Se havia alguém com o direito de entrar na sala do treinador no dia seguinte, desistir de pertencer à equipe de natação e sair de lá com o moral alto, essa pessoa era eu! E confesso que considerei tal possibilidade. Há algo de gratificante em dizer a alguém que você não precisa dele ou de sua equipe e em mandá-lo às favas! Desistir teria me garantido um breve momento de incrível satisfação, mas, em vez disso, preferi ir até sua sala e dizer-lhe que havia perdido todo o respeito que sentia por ele, mas que, independentemente disso, não permitiria que suas atitudes afetassem o meu semestre de natação.

Aquele semestre de natação foi maravilhoso e, considerando o fato de ser um nadador de nível médio, tive um ótimo ano. Terminei em quinto lugar nas finais dos 200 metros estilo livre. Minha presença na competição serviu para realçar o desempenho de outros nadadores mais ágeis.

O episódio ocorrido naquela votação ensinou-me uma grande lição que me serviria por toda a vida: não se deve desistir jamais.

Recebi muito apoio de minha família, meus amigos, professores e outros treinadores na escola. Às vezes, é necessário um momento de derrota pessoal para as pessoas expressarem o quanto elas o querem bem. Por fim, acabei descobrindo que as pessoas me apoiavam muito mais do que eu imaginava, e isso era uma ótima sensação e um grande aprendizado.

Uma lição paralela ocorreu catorze anos mais tarde no mundo cruel dos negócios. Quando se analisa a história das mais bem-sucedidas agências de publicidade é possível perceber que, na maioria das vezes, elas mantêm uma parceria de sucesso com algum cliente, e que ambos, tanto a agência como o cliente, "arrasaram" em determinada categoria. Tivemos uma experiência desse tipo trabalhando para The Company Store, nas décadas de 1980 e 1990, e o relacionamento foi excelente.

The Company Store, um dos principais catálogos de produtos para uso doméstico dos Estados Unidos, era especializado em edredons e itens para o quarto. A empresa já existe, de um modo ou de outro, desde 1911, mas a linha de edredons e itens para o quarto começou a ser priorizada em 1983. O então presidente da empresa, Terry Gillette, me pediu que criasse uma propaganda de resposta direta que vendesse edredons diretamente a partir de um anúncio na The New York Times Magazine usando um número 0800. Até então, a Ovation Marketing era apenas uma pequena agência de publicidade não especializada em qualquer área específica, com cerca de quinze clientes. Nosso trabalho de criação para a The Company Store incluía anúncios para a linha Bill Blass de roupas esportivas, edredons, sacos para dormir e também os produtos da fábrica local de itens de varejo. Na época, a Ovation não tinha experiência em marketing direto, mas Terry e eu nos tornamos amigos e ele acreditou que pudéssemos fazer um bom trabalho. Depois de nossa reunião, fui direto para a biblioteca tentar aprender tudo o que pudesse sobre o assunto, mas as informações obtidas não pareciam muito encorajadoras. No início da década de 1980, a maioria dos consumidores via o marketing direto com desdém, porque grande parte dos produtos comercializadas desse modo era de baixa qualidade. Mas isso foi antes da era de J. Crew ou Williams-Sonoma; pioneiros como Lands'End e Eddie Bauer* estavam apenas começando a deslanchar. Quase tudo o que li sobre marketing direto dizia que 19,95 dólares era uma referência de preço aceitável para vendas diretas, mas 9,95 dólares era ainda melhor! Terry pretendia vender edredons luxuosos por catálogo, sendo que o preço dos de tamanho *queen* variava entre 100 a 200 dólares.

Criamos alguns anúncios incrivelmente eficazes que contavam a história bonita e singela de uma pequena empresa em Wisconsin cujos ancestrais tinham vindo da Europa, onde aprenderam a costurar à mão na mais antiga tradição europeia. Apresentamos a The Company Store como a empresa gerida pelas mesmas pessoas que vendiam diretamente para as principais lojas de departamento do país, mas enfatizamos que elas estavam fartas de ver os grandes varejistas revenderem seus produtos a preços abusivos; alertamos que agora os consumidores teriam uma chance de adquirir os edredons diretamente do fabricante, economizando até 50% do preço normal de varejo. Ressaltamos que a empresa estava estabelecida no mesmo local desde 1911 e que se, por algum motivo, o consumidor ficasse insatisfeito com a compra, seus proprietários trocariam o produto e o retirariam sem nenhum custo para o consumidor. Anos mais tarde, fizemos a conta de quanto aquela política de troca gratuita estava custando para a empresa e concluímos que a The Company Store gastava cerca de 300 mil dólares com as trocas para um volume de vendas de 100 milhões de dólares. Aquele

---

* As empresas norte-americanas J. Crew, Lands'End e Eddie Bauer são especializadas em roupas e acessórios femininos e masculinos. A Williams-Sonoma, também dos Estados Unidos, é direcionada a artigos de cozinha. (N.E.)

nos pareceu um bom investimento e contribuiu enormemente para a reputação da empresa, pois demonstrava que ela acreditava em seus produtos ao mesmo tempo que deixava o consumidor confortável em adquirir um edredom de 130 dólares com seu cartão de crédito.

Isso tudo é comum hoje em dia, mas, antes de a internet alcançar o nível que ostenta hoje, aquilo era pioneiro. Desenvolvi pessoalmente os anúncios para aquela campanha e fui também o diretor de criação. Empenhei-me ao máximo nesse projeto inicial e no posicionamento dessa empresa idealista. Coincidentemente, minha esposa, Joni, foi uma das primeiras contratações de Terry na área de telemarketing logo que começamos a veicular esses anúncios com o número 0800. Em seguida, ela foi promovida e tornou-se chefe do departamento de telemarketing. No início era divertido e excitante, pois ambos nos sentíamos parte integrante de um lançamento bem-sucedido. Acabamos nos tornando uma verdadeira família, mas, com o tempo, isso gerou pelo menos uma grande desvantagem: ambos trabalhávamos o dia todo para a The Company Store e depois voltávamos para casa e continuávamos a falar de trabalho. Era preciso grande esforço para mudar de assunto. Devo confessar que quando Joni pediu demissão para dar à luz nossa primeira filha, fiquei radiante em saber que dali em diante nós teríamos carreiras distintas.

Terry Gillette foi o melhor cliente que já tive. Ele era empreendedor, como eu, e visava sempre levar sua empresa a novos patamares. Quando a empresa ainda estava iniciando, ele se mostrava obcecado pela ideia de alcançar os 100 milhões de dólares em vendas e, assim que ele ultrapassou essa marca, concentrou-se em alcançar um bilhão. Terry e eu éramos almas gêmeas; ambos fãs incondicionais de Tom Peters* e devotos do aperfeiçoamento contínuo. Estávamos aprendendo juntos

* Considerado guru da gerência de negócios desde 1970. Seu combate incansável contra a imobilidade e falta de paixão no trabalho o levou a ser radicalmente a favor da inovação, contra o *kaizen* (conceito de melhoria contínua), e a considerar o incrementalismo como o maior inimigo da inovação. (N.E.)

sobre marketing direto; afinal, era imperativo que eu constantemente lhe apresentasse ideias novas, ou então ele me mataria! Em várias oportunidades testemunhei situações em que ele simplesmente ficava furioso com indivíduos que não conseguiam acompanhar seu apetite voraz por novas ideias e pela busca da perfeição. Ele jogava alto, e se qualquer um não pudesse acompanhá-lo era rapidamente dispensado – de fato, a rotatividade em sua empresa era mais alta que a média. Contudo, eu adorava trabalhar com ele porque acreditava no que estávamos fazendo; era divertido, e o fato de estarmos sempre testando novas ideias era lucrativo para a minha agência de publicidade, que criava todo o material publicitário para a organização.

Terry orgulhava-se de dizer "quando eu começo uma frase, quero que a minha agência (de publicidade) a termine". Ele acreditava que éramos capazes de fazer isso. As vendas provenientes do marketing direto da The Company Store aumentaram rapidamente, e estava claro que aquela unidade de negócios tinha o potencial para superar todas as demais, incluindo a divisão que fazia sacos para dormir e tendas para o exército norte-americano.

Sendo a The Company Store nosso principal cliente, minha agência aumentou seu quadro de funcionários, passando de dez para 25 contratados em dois anos! Admitimos vários profissionais de criação e marketing para dar apoio ao crescente ritmo de trabalho com a The Company Store. Além disso, conforme a campanha publicitária começou a ter mais visibilidade, começamos a atrair novos clientes. Outras empresas nos solicitavam que fizéssemos por elas o que havíamos feito para a The Company Store e os negócios começaram a fervilhar! Rumávamos para o terceiro ano quando, de repente, Terry me chamou em seu escritório e me deu uma péssima notícia.

Sem o meu conhecimento, ele havia visitado agências de publicidade em Nova York e Chicago, pois considerava que a dimensão dos negócios de sua empresa havia se tornado grande demais para a minha pequena agência em La Crosse. Ele achava que, para continuar crescendo, precisariam de serviços de publicidade mais sofisticados. Na ocasião eu me senti como se um caminhão tivesse passado por cima de mim!

Nos anais dos negócios entre agências e clientes, isso era algo comum. No fundo, eu temia por esse dia, especialmente porque nessa mesma época a Datsun havia demitido com grande estardalhaço a agência que a havia apresentado ao mundo, feito o negócio crescer com anúncios criativos e inovadores e mudado o nome de Datsun para Nissan. Isso sempre acontecia. Uma pequena agência levava o cliente até determinado nível, o cliente adquiria reconhecimento nacional e depois a pequena agência era descartada para ser substituída por outra mais conhecida da Madison Avenue.* Mas dessa vez era diferente, pois estava acontecendo comigo!

Sei que essa é uma analogia estranha que muitos terão dificuldade em compreender, mas, quando seu maior cliente lhe diz que está considerando contratar outra agência, imagino que a sensação seja a mesma de ouvir sua esposa lhe contar que está tendo um caso amoroso. (Note que nem minha esposa atual nem minha ex-esposa tiveram um caso com outro homem; nem eu jamais supus que isso tivesse ocorrido. Contudo, em minha mente criativa, algo sugere que o grau de decepção nesses dois eventos seja semelhante.)

Como, afinal, isso podia estar acontecendo? Eu achava que havia feito tudo certo. Dei o melhor de mim. Contribuí da melhor maneira possível, criando pessoalmente uma campanha de publicidade de sucesso! Aquelas palavras nos anúncios da The Company Store eram minhas, estavam sendo transmitidas no país inteiro, eram eficazes e,

* É uma avenida arterial de Nova York, e uma das mais movimentadas da cidade. Desde 1920, ela abriga as mais conceituadas agências de publicidade norte-americanas. (N.E.)

até aquele momento, representavam a última palavra em marketing direto. E agora eu estava sendo recompensado com o inesperado encerramento de nossa parceria! Confesso que senti vontade de vomitar!

Terry disse que eu ainda poderia lhes oferecer algum trabalho de criação, mas que as campanhas de publicidade e do catálogo iriam para uma das maiores agências de Chicago. Porém, a saída da The Company Store significaria um desastre financeiro para a minha agência, além dos dandos para o meu frágil ego. Suas palavras me ofereciam pouco consolo, e tudo o que eu mais queria naquele momento era mandá-lo para o inferno!

Então ele me disse: "Veja, nós vamos visitar a agência novamente na quinta-feira. Por que você não vem conosco? Nós o apresentaremos como se você fosse um dos nossos profissionais internos, assim você poderá ver de perto como os grandões trabalham". Aceitar seu convite era tudo o que eu podia fazer para não agarrar o pescoço dele e enforcá-lo ali mesmo.

Lembrei-me da época em que fora capitão da equipe de natação por um único dia e logo pensei na satisfação que sentiria se o mandasse se "danar" e na culpa que amargaria por todo o imenso trabalho que havíamos feito e nos resultados fantásticos que havíamos obtido apenas para sermos recompensados com o encerramento do contrato! Porém, também percebi que aquele sentimento de prazer seria efêmero. Na verdade, a satisfação já teria se esvaído antes mesmo de eu chegar até o estacionamento; daí não restaria mais nada! Então, mais uma vez eu deixei meu orgulho de lado (e como foi difícil!) e aceitei o convite para "ver de perto como os grandões trabalham".

Fui a Chicago e eles me apresentaram como parte da equipe. Foi um dia interessante e uma experiência incrível. Senti-me como o proverbial Cavalo de Troia e tentei assimilar todas as ideias possíveis. Lembro-me de ler um material de mala direta que a agência de

Chicago apresentara para um anúncio de edredom e pensei comigo: "Essa é a melhor propaganda que eu já li em toda a minha vida!". Foi um dia exaustivo.

O FATOR ERRO

Não se deixe levar pelo orgulho. Se você se mantiver aberto a quaisquer novas possibilidades e preservar sua mente positiva, você estará pronto caso a situação lhe seja favorável.

Embora o anúncio feito pela agência de Chicago possa ter soado mais melódico que o meu, quando o material foi enviado por meio de mala direta, perdeu-se muito dinheiro. Isso nunca havia acontecido antes, pois tudo o que criamos para a The Company Store tinha sido lucrativo. A agência de Chicago também foi um pouco arrogante com a pequena fabricante de edredons, o que não pegou nada bem para Terry, que se via mais como um grande executivo de Nova York do que de uma pequena cidade do centro-oeste do país. (Nota: nos últimos quinze anos ele tem vivido em Nova York.) Acho que Terry me usou como uma espécie de garantia para o caso de o relacionamento com a agência de Chicago não dar certo. Às vezes, olhando em retrospectiva, me pergunto se ele não me demitiu para me forçar a elevar o nível da minha agência.

Ao longo dos anos, fiz vários amigos na The Company Store e todos me deram apoio e tentaram me ajudar a recuperar o que eu havia perdido. Certa vez, o Diretor Financeiro da empresa discretamente me deu um envelope, sussurrou em meu ouvido: "Eu não lhe dei isso" e então foi embora. Quando eu abri, percebi que ele havia me passado os honorários cobrados pela agência de Chicago.

A arrogância, o trabalho ineficaz e os preços altíssimos praticados provocaram o encerramento do contrato com a agência de Chicago e nossa recontratação em exatamente 35 dias. No final, foi o melhor que poderia ter me acontecido.

Terry é o tipo de líder que precisa ver o que o mercado oferece. Se não fosse naquele momento, teria sido mais tarde. O fato de ter durado apenas 35 dias foi a melhor experiência que eu poderia ter enfrentado. Mas ele nunca mais tentou mudar de agência. E, para continuar com a analogia do casamento, nós usufruímos de um longo e lucrativo relacionamento até que Terry vendeu a empresa para um grupo de investimentos, anos mais tarde.

A Ovation também trabalhou com o grupo de investimentos por muitos anos, até que eles também venderam a empresa para um concorrente. Somente então a nossa relação terminou (veja mais a respeito no capítulo 28).

Depois que a agência de Chicago saiu de cena, Terry permaneceu fortemente leal à Ovation. Agora ele estava certo de que tinha à sua disposição uma agência sólida. Eu, em contrapartida, aprendi a lição e me empenhei agressivamente em construir uma agência de primeira linha em La Crosse. Terry e eu continuamos bons amigos e, inclusive, viajamos juntos pelo mundo em busca de novos produtos para os catálogos da The Company Store. Tornei-me parte do corpo diretivo da empresa e rotineiramente entrevistava executivos de alto escalão que seriam potencialmente admitidos pela organização. Anos mais tarde, a Ovation fez uma campanha publicitária à procura de novos clientes, e Terry testemunhou em nosso favor utilizando-se de sua célebre frase: "Quando eu começo uma frase, quero que nossa agência a termine". E era exatamente isso o que nós fazíamos.

A The Company Store, semelhante a muitas empresas, precisava de contínua infusão de capital para financiar seu rápido crescimento. Como sua agência, tornamo-nos parte das apresentações itinerantes que a empresa realizava. Em determinada negociação financeira, Terry precisava demonstrar para a Prudential,* o Goldman Sachs** e o recém-falido Lehman Brothers*** que ele era capaz de levantar fundos sem a ajuda de ninguém. Ele então me perguntou se eu compraria 10% de sua empresa com os meus próprios recursos e eu aceitei na hora, pois estava convencido de que tínhamos a combinação perfeita de talento e produto para conquistar os Estados Unidos – e eu estava certo!

Credito ao meu treinador de natação, a quem eu desprezei na época, e à minha experiência na Greenfield High School minha capacidade de absorver aquela demissão, deixar meu orgulho de lado e aguentar firme até que tivesse condições de me reposicionar como referência em marketing dentro da The Company Store. É difícil quantificar exatamente qual foi o impacto financeiro daquela decisão sobre a minha agência, mas sei que foi imenso.

Pode-se aprender bastante como um Cavalo de Troia. Eu recomendo bastante essa experiência, pois aprendi que anúncios melódicos não são necessariamente os melhores nem vendem obrigatoriamente mais. Você pode até desafiar seus clientes, mas trate-os sempre com grande respeito, independentemente da origem deles. Cobre como uma agência de primeira linha e entregue um serviço à altura do preço praticado. Também aprendi que em épocas difíceis nossa família, nossos amigos e colegas de trabalho são excelentes pontos de apoio para nos ajudar a amortizar a queda. Saber valer-se desse apoio é essencial para nos ajudar a defender nosso império quando somos atacados. O apoio desse grupo é particularmente reconfortante quando sentimos aquele "soco no estômago".

---

* Empresa seguradora norte-americana. (N.E.)

** Um dos maiores bancos de investimento do mundo, sediado em Nova York. (N.E.)

*** Foi um grande banco de investimentos e provedor de outros serviços financeiros que abriu concordata em 2008, após a crise do subprime ocorrida nos Estados Unidos. (N.E.)

LIÇÕES DO CAPÍTULO 5

TUDO O QUE DESCE PODE SUBIR NOVAMENTE

Quem você tem ao seu lado? A lealdade é muito valiosa. Aqueles que nos apoiam no decorrer do sucesso ou fracasso são nossa verdadeira fonte de poder e longevidade. Agradeço à minha família, aos meus amigos e colegas de trabalho e espero ter expressado de maneira clara o quanto prezo o amor e a amizade que temos (acho que eles já estão fartos de ouvir isso!).

De que lado você está? A vida é uma via de mão dupla. A compaixão e as palavras generosas que você oferece durante e após o fracasso podem fazer toda a diferença. Às vezes, as pessoas precisam ser lembradas de que o fracasso pode ser uma excelente chance para se começar novamente, de modo mais inteligente e mais fortalecido pela experiência adquirida. Lembre-se: em cada final há um novo começo.

CAPÍTULO 6
PARE E CELEBRE O MOMENTO

Às vezes as pessoas gostam tanto dos meus conselhos que preferem pendurá-los em um quadro a usá-los.

—GORDON R. DICKSON

Ao longo dos mais de trinta anos em que dirigi minha agência de publicidade, tenho certeza de que alguns dos meus associados quiseram, em algum momento, me matar. Segundo eles, às vezes eu parecia nunca estar satisfeito com os esforços empenhados. Confesso que havia um pouco de verdade nessa percepção, mas acredito ter sido malcompreendido na ocasião e, na maioria dos casos, inocentado.

Vejamos um exemplo. Certa vez, minha filha me contou sobre uma excelente ideia que tivera para divulgar na mídia um de seus projetos na organização sem fins lucrativos em que trabalhava. Ela conseguira uma excelente cobertura em várias emissoras de TV em Minneapolis e, então, me ligou superanimada para contar sua façanha. Claro que eu também fiquei feliz com a notícia e a cumprimentei. Naquele momento me senti orgulhoso ao ver minha própria filha prosperando na área de publicidade, como seu pai.

Logo depois daquele momento sublime entre pai e filha, retornei ao meu *modus operandi* nos negócios e comecei a imaginar um modo de inserir aquela grande conquista em nossa filosofia de contínuo aperfeiçoamento. Sugeri, então, que ela fosse aos sites das emissoras de

TV e obtivesse cópias da cobertura de vídeo e as disponibilizasse no site da fundação em que trabalhava. Eu sabia que as emissoras de TV geralmente deixam as matérias on-line por pouco tempo, então a aconselhei a agir rapidamente. Em seguida, disse-lhe que enviasse e-mails para os membros da fundação, promovendo duplamente a cobertura de TV e relacionando os vídeos ao excelente trabalho de relações públicas que fizera. Afinal, isso é exatamente o que eu teria feito junto aos meus clientes.

Entretanto, minha filha respondeu que não seria possível disponibilizar os vídeos no site da fundação, pois este era modesto e não comportava arquivos pesados. Eu, como sempre, não dei a devida atenção aos obstáculos que se apresentavam e continuei a toda velocidade em minha busca incessante por aperfeiçoamento. Sem me importar com as limitações que ela enfrentava em relação ao site da fundação, sugeri que ela obtivesse os links das emissoras de TV, publicasse-os no YouTube e enviasse e-mails com um link do site.

Então ela me disse que talvez não fosse uma boa ideia colocar os vídeos no YouTube, pois os membros mais conservadores da organização poderiam não entender a razão pela qual a divulgação dos projetos da instituição estaria dividindo espaço com fotos de Paris Hilton completamente nua. De repente, senti como se eu estivesse dialogando com um gerente de contas sobre a natureza conservadora de um de nossos clientes. Foi aí que tudo aconteceu!

O FATOR ERRO

Peça críticas construtivas. Se você acabou de conquistar uma grande vitória, pare e comemore. Depois pergunte a um amigo ou colega de trabalho em quem confie como você poderia aperfeiçoar sua conquista. Esteja aberto a quaisquer comentários.

Naquele momento minha filha, a quem eu amo demais, olhou-me e disse: "Pai, apenas relaxe e aproveite o momento". E foi o que eu fiz. Era o momento de recuar e voltar a comemorar o sucesso que ela obteve.

Sei que ao longo dos anos agi da mesma maneira com vários de meus associados na agência. Em busca constante por aperfeiçoamento, líderes muitas vezes dão a seus colaboradores a impressão de não estarem satisfeitos com seus esforços e conquistas na área de marketing e criação. Entendo agora por que minhas atitudes eram muitas vezes mal-interpretadas, mas não era exatamente assim que eu me sentia. Na realidade, eu estava vibrando! Grandes líderes precisam sempre exigir conquistas maiores. Admito que eu seja mais afeito a pequenas e reservadas comemorações e que prefira voltar rapidamente à busca por aperfeiçoamento com base na nova conquista – mas tudo é importante.

Cada um celebra o sucesso à sua própria maneira. A maioria das pessoas provavelmente faz como minha filha, que adora comemorar por um bom tempo antes de partir para maiores desafios. Não se trata de estar certo ou errado; é apenas o modo de cada um agir. Talvez eu pudesse moderar o meu entusiasmo em partir logo para novas ideias enquanto os que me rodeiam deveriam também tentar entender que minha busca constante por aperfeiçoamento não é uma reação negativa em relação ao trabalho executado por eles. Pelo contrário, eu me orgulho muito de seus esforços e dos resultados obtidos. Meu comportamento visa apenas capitalizar sobre os efeitos alcançados por meio da criação ou das relações públicas.

Há algum tempo, li uma interessante frase de um diretor de criação no The Wall Street Journal: "Ser um bom diretor de criação requer certa insegurança que é quase debilitante, mas nem tanto. Os melhores profissionais têm dificuldades em viver suas próprias histórias porque nada lhes parece suficientemente grandioso". Nunca me julguei inseguro, mas talvez esta seja de fato a motivação dos grandes líderes.

Contudo, em geral, não penso em algo como "não sendo grandioso o suficiente", apenas desejo fazer sempre o melhor.

No verão de 2007, eu fazia parte de uma equipe de ciclismo que incluía quatro membros. Ganhamos uma corrida em nossa categoria e, assim que cruzamos a linha de chegada e comemoramos, comecei a pensar em maneiras de melhorar nosso desempenho para o ano seguinte. Meus pensamentos, contudo, não tinham o propósito de diminuir o resultado surpreendente que nossa equipe conquistara.

Sempre admirei o estilo japonês de fazer negócios, em que o conceito *kaizen*, de constante dedicação ao aperfeiçoamento, é aceito como prática cultural. Nos Estados Unidos, infelizmente, essa busca constante por perfeição pode ser interpretada como insatisfação em relação a conquistas obtidas, mas isso não procede. Absolutamente! Talvez isso explique por que os fabricantes de automóveis japoneses tenham superado a indústria automobilística norte-americana. Enquanto Detroit comemora o lançamento de novos veículos, os japoneses inventam cinquenta pequenas mudanças para melhorar o modelo do ano seguinte.

Como líder de uma organização ou família, devemos muito àqueles que se empenharam e obtiveram grandes resultados. Precisamos celebrar o momento para que eles se sintam satisfeitos com suas conquistas. Entretanto, todos precisam entender que a constante busca por aperfeiçoamento não é uma inflexão negativa sobre o que já foi alcançado. Por exemplo, do ponto de vista dos negócios, é sensato promover um triunfo visando atingir um público maior e por um período de tempo mais longo. Embora eu tenha enfrentado dificuldades com esse lema, entendo agora a necessidade de moderar um pouco o meu comportamento afoito, caminhar mais lentamente e comemorar mais. Para ser honesto, isso ainda representa para mim um grande esforço, pois minha mente está sempre pensando em como levar a conquista a patamares mais elevados.

ELEVANDO O APERFEIÇOAMENTO CONTÍNUO AO PROCESSO FORMAL

O programa 60 Minutes fez uma matéria sobre a Força Aérea Israelense (FAI) e sobre quão crítico é o desempenho da FAI para a vida e sobrevivência do Estado de Israel. Um dos diferenciais dos pilotos israelenses em relação ao demais está no fato de todos se reunirem rotineiramente após cada missão e discutirem o desempenho de cada um dos envolvidos. Até mesmo os profissionais mais novos são livres para criticar seus comandantes e vice-versa. O exército, enquanto organização, recebe inúmeros conselhos por parte de todos os seus integrantes sobre como melhorar seu desempenho. Os pilotos da FAI relatam que essa política é, sem dúvida, a conquista mais valiosa para aperfeiçoarem suas habilidades.

Estou certo de que se um indivíduo não demonstra uma atitude positiva, as críticas podem se tornar bastante desagradáveis. Imagine ser um experiente veterano da FAI e ter um piloto novato criticando seu trabalho na frente de outros. Contudo, um piloto mais novo, tendo sido treinado recentemente, talvez seja capaz de detectar alguns maus hábitos que um veterano tenha incorporado ao longo de sua carreira.

Se você adotar uma atitude positiva e aceitar críticas como contribuições ao seu desempenho pessoal, ouvi-las com atenção, tentar visualizar o seu erro e analisar como poderá aprimorar sua capacidade de pilotar, a experiência será muito positiva e, por meio dela, você conseguirá efetivamente enriquecer suas técnicas e salvar vidas. Entretanto, se você se mantiver demasiadamente sensível a críticas, em especial na presença de outros, poderá perder a oportunidade de aprimorar suas habilidades.

Há alguns elementos que devem ser considerados na implantação de um programa como esse em seu local de trabalho:

Primeiramente, é importante que o líder esteja de fato engajado no processo. Ele não deve ser o primeiro a ser criticado, pois é muito mais importante que ele esteja presente na plateia, demonstrando como quaisquer críticas serão conduzidas.

Em segundo lugar, o líder deve estabelecer que fracassos ocorridos anteriormente serão perdoados e esquecidos, exceto como ferramentas de aprendizado; é preciso deixar claro que os comentários não deverão ser duros e/ou pessoais, mas apenas focar nas competências que precisarão ser aperfeiçoadas a fim de que todos possam fazer o trabalho melhor da próxima vez.

Finalmente, as críticas construtivas precisam ser claras e diretas a fim de que se possa identificar um erro específico e propor a solução. A pessoa que está sendo criticada já está sob pressão, portanto, recomenda-se evitar percepções do tipo "sou mais esperto" ao propor soluções. Não se deve focar somente no erro; ofereça ajuda com soluções simples.

É bom lembrar que a principal preocupação do funcionário é agradar o líder, portanto, um bom começo é demonstrar a ele como o trabalho poderá ser feito melhor da próxima vez. Seja direto e firme, mas não levante a voz ou expresse decepção com as ações do funcionário. No fundo, você está contente por poder identificar o problema e corrigi-lo, evitando custos futuros para você e para a empresa.

O segundo objetivo mais importante de qualquer funcionário é receber elogios em público, portanto, faça sua crítica com a esperança de que ao corrigi-lo ele se fortalecerá e aprimorará suas competências. Guie-se pela verdade.

Depois que você estabelecer como serão feitas as críticas, é hora de se submeter ao processo. Tenha paciência, pois não somente o seu desempenho será avaliado como também suas regras serão questionadas, na maioria das vezes pelos membros mais jovens da equipe.

Isso é fantástico, porque você já sabe que eles sempre tiveram tais questões em sua mente desde que começaram a trabalhar para você, mas nunca tiveram a oportunidade de falar sobre elas. Agora é hora de você realmente se transformar em um mentor e explicar a eles o método por trás de sua loucura. Você terá de agradecê-los por lhe mostrarem as falhas em seu sistema ou, até mesmo, por questionarem suas decisões, seja qual for o caso. Do mesmo modo que você estabeleceu as regras para os outros, deve estar preparado para vê-las aplicadas a você. Algumas dessas pessoas talvez nunca tenham estado em posições de liderança, portanto, elas não terão o cuidado nem o tato que você tem no processo de questionamento. Você não deve deixar que isso o afete negativamente, pois você ainda será o exemplo de sabedoria e coragem. Se conseguir refinar e manter esse processo em funcionamento, alcançará resultados excepcionais para a sua empresa.

LIÇÕES DO CAPÍTULO 6

ESTABELEÇA O SEU RITMO

Conheça a sua organização. Quanto tempo normalmente dura o impacto do sucesso ou do fracasso? Dias? Semanas? Meses?

Reconheça os fracassos por meio de comentários positivos. Cumprimente todos por seus esforços e os faça reconhecer os pontos fortes e a sabedoria adquiridos com a experiência. Em perspectiva, um fracasso pode motivar tanto uma equipe quanto uma vitória.

Estabeleça a política de avaliação de sucessos e fracassos. Faça que todos na empresa pensem sobre maneiras de equilibrá-los de modo que estejam aptos a elevar a organização a um novo patamar.

CAPÍTULO 7
FRANK SINATRA, HENRY MANCINI e HERB LEE

Odeio elogios vazios, que me deixam exausto tentando acreditar neles.

– Wilson Mizner

Quando eu estava na faculdade, trabalhei como *disc jockey* em uma emissora de rádio especializada em músicas românticas. Costumávamos apresentar seis ou sete comerciais por dia, tocar muitas músicas do Frank Sinatra e do Henry Mancini e, a cada dez minutos, dizíamos ao microfone: "Esta é a 95.9 FM, WSPL, de La Crosse, Wisconsin, oferecendo a vocês músicas românticas". Quando nos sentíamos especialmente corajosos, usávamos uns dez segundos para apresentar a previsão do tempo.

Herb Lee era o proprietário da rádio. No início da década de 1950, quando todos acreditavam que a televisão iria acabar com as transmissões radiofônicas, Herb comprou duas emissoras de rádio por preços irrisórios. Enquanto as licenças para essa mídia nos Estados Unidos estavam sendo negociadas a um preço incrivelmente baixo, Herb teve a percepção necessária para intuir que o rádio sempre existiria e fez alguns investimentos incríveis. Sempre admirei suas qualidades nesse sentido.

Herb Lee também me presenteou com o meu primeiro livro de negócios, *Como fazer amigos e influenciar pessoas* (IBEP Nacional, 2000), de

Dale Carnegie. Aprendi muito com essa obra, e foi assim que comecei a ler livros sobre administração (e escrever sobre o assunto).

Eu adorava Herb Lee. Ele era um homem positivo – às vezes até demais – e sempre tinha uma palavra bondosa e inspiradora para lhe oferecer. Uma noite, meu melhor amigo, Carlos Pagan, estava trabalhando no turno da noite na emissora, mas tinha uma prova no dia seguinte. Em vez de trabalhar duro tocando músicas de vários artistas, Carlos simplesmente colocou dois álbuns no toca-discos e deixou que eles tocassem até o final. Era uma maneira mais fácil de trabalhar e Carlos fez aquilo apenas porque precisava estudar. Portanto, se você tivesse sintonizado na rádio naquela noite, teria ouvido somente as músicas de Frank Sinatra e Henry Mancini, repetidas vezes, até que os dois álbuns terminassem e fossem substituídos por outros dois da mesma dupla. Aquela fora uma excelente maneira de estudar, mas uma péssima ideia em relação à programação da rádio, a menos, é claro, que se fosse loucamente apaixonado por Frank Sinatra e Henry Mancini.

Naquela noite, Herb Lee chamou Carlos para conversar. Eu não acredito que Herb tivesse realmente ouvido a programação, mas ele adorava elogiar as pessoas ao melhor estilo Dale Carnegie, valendo-se de sua inspiradora filosofia. Então Herb disse: "Carlos, você está realizando um grande show esta noite!". A história eventualmente circulou para todos na rádio, e os outros *disc jockeys* começaram a imitar Carlos.

O FATOR ERRO

Inspire os outros. Faça elogios autênticos quando forem merecidos. Uma simples palavra de carinho, apreciação ou incentivo pode dar a força que uma pessoa precisa para persistir em momentos difíceis.

A emissora logo ficou com uma programação horrível, especialmente quando os profissionais escolhiam dois álbuns ruins para tocar. Aquela foi a primeira grande lição que aprendi sobre elogiar sua equipe.

Naquela ocasião, percebi que elogiar não é algo que se faz livremente. Quando se elogia um indivíduo simplesmente para inspirar os que trabalham ao seu lado, as consequências podem ser negativas. Um resultado, por exemplo, pode ser o comprometimento da qualidade do trabalho, pois algumas pessoas dirão: "Ei, foi fácil. Nem precisei me empenhar muito. Mas, afinal, se é disso que o chefe gosta, farei sempre assim".

Portanto, quando digo a alguém que seu trabalho foi excelente – o que ocorre com frequência, primeiro me certifico de que essa pessoa tenha, de fato, realizado um bom trabalho. As pessoas sabem quando você está sendo sincero e apreciam ainda mais o elogio. Se o louvor for realmente merecido, as palavras generosas terão o efeito desejado e os demais empregados, seja em estações de rádio, em agências de publicidade ou em qualquer outro negócio, desempenharão suas funções ainda melhor.

LIÇÕES DO CAPÍTULO 7

SEJA SINCERO

Esteja próximo de seus funcionários. O contato pessoal é cada vez mais valorizado nos dias de hoje, principalmente em razão do ritmo acelerado de nossa sociedade e da ênfase dada à eficiência dos contatos telefônicos, das mensagens de texto e dos e-mails. Sempre que possível, arrume algum tempo para fazer um elogio pessoalmente. Vá à sala do seu colaborador, em vez de chamá-lo à sua sala, pois, desse modo, você tornará o dia dessa pessoa bem mais feliz!

Escreva um cartão ou uma carta. Fora de moda? É por isso que é especial: as pessoas geralmente não encontram tempo para escrever um cartão ou uma carta. Essa, contudo, é uma maneira gentil de agradecer alguém, parabenizá-lo, elogiá-lo por seu desempenho ou até mesmo recompensá-la demonstrando sua apreciação.

Reconheça o trabalho da equipe. Às vezes, um escritório inteiro contribui para que um projeto se torne um sucesso ou que a empresa ganhe uma nova conta. Um dos rituais da Ovation era tocar um sino e reunir toda a equipe na recepção sempre que se conquistava um novo cliente. Era algo simples, que não custava nada, apenas alguns minutos do tempo de cada um a fim de compartilhar uma boa notícia. Encontre maneiras de celebrar realizações importantes por meio de ações simples como, por exemplo, fazer uma festinha no escritório ou organizar eventos em grupo, como jogar futebol ou fazer um pequeno churrasco com a equipe de trabalho.

Sucesso e fracasso. Se este livro for capaz de lhe deixar uma lição, gostaria que fosse a seguinte: tanto o sucesso como o fracasso devem ser valorizados. Reconhecer um fracasso é um tipo diferente de celebração, com certeza, mas as derrotas também consomem nossos melhores esforços, nossas ideias mais criativas e longas horas de trabalho. Geralmente saímos do erro melhores do que éramos, pois aprendemos com a experiência. E isso vale uma celebração!

CAPÍTULO 8
ATITUDE POSITIVA

Nada no mundo substitui a persistência. Nem talento, nem genialidade. Educação também não. Nada é mais comum do que homens talentosos sem sucesso ou gênios não reconhecidos; o mundo está cheio de homens cultos esquecidos pela sociedade. Persistência e determinação são onipotentes.

– Calvin Coolidge

Ao longo de minha carreira, tenho aplicado o seguinte lema: "Contrate pela atitude; treine pela habilidade". Contratar não significa exclusivamente encontrar pessoas com a experiência adequada, mas achar indivíduos com mente positiva. O que as pessoas sabem é menos importante que a fibra de que são feitas. Isso certamente provou-se verdadeiro nas contratações em nossa empresa.

Quando minha agência decidia contratar novos colaboradores, a preferência era sempre por pessoas experientes desde que tivessem a atitude correta. Posicionávamos nosso anúncio de emprego para atrair a atenção daqueles que possuíam mais prática, contudo, quando não havia profissionais com tal característica disponíveis no mercado, não tínhamos medo de contratar pessoas inexperientes e treiná-las. É por isso que a atitude correta é tão importante: ela pode compensar a falta de experiência.

Como dono de uma pequena agência de publicidade no centro--leste dos Estados Unidos, reconhecia perfeitamente a dificuldade em atrair profissionais experientes, que estivessem bem empregados em cidades grandes e convencê-los a viver em uma cidade pequena. Não era impossível, mas difícil, afinal, se um profissional experiente trabalha em uma agência de publicidade em Chicago e, por qualquer motivo, decide mudar de agência, ele pode escolher entre dezenas de excelentes concorrentes ali mesmo. Em La Crosse, esse não era o caso. Por essa razão, nós nos tornamos especialistas em encontrar essas pessoas e fazê-las se sentir confortáveis em nossa pequena cidade. Porém, esse é um desafio constante.

Também tivemos sorte de ter várias esposas de executivos de outras empresas na região, que possuíam experiência em publicidade e, inesperadamente, batiam em nossa porta. Em geral as contratávamos, mesmo que não tivéssemos necessidade no momento. Muitos anos atrás, quando eu era louco e inexperiente, minha recepcionista interfonou e disse que havia uma mulher na recepção que trabalhara para a Ogilvy Advertising, em Nova York, e gostaria de falar comigo. Ela estava na cidade procurando uma casa, pois o marido havia acabado de ser contratado como professor da Universidade de Wisconsin-La Crosse. Raramente eu atendo sem hora marcada, mas a história dela parecia plausível, portanto resolvi recebê-la. Eu então a convidei para a minha sala, onde conversamos por cerca de uma hora. Ela me apresentou seu impressionante currículo. Além de sua vasta experiência, ela demonstrou uma atitude correta e positiva. Embora não estivéssemos procurando uma redatora de anúncios, era improvável que alguém do mesmo calibre e experiência aparecesse novamente à nossa porta, então, eu lhe ofereci um emprego no ato, sem checar suas referências ou mesmo consultar nossos diretores de recursos humanos ou de criação. Aprendi bastante em todos esses anos e, decerto, não o faria novamente. Tenho de admitir que me sinto um pouco constrangido em contar essa história, mas, já que o título deste livro é *Aprenda com seus erros*, considero importante compartilhar uma experiência que tanto me ensinou.

Em primeiro lugar, é preciso contar com o apoio do diretor de recursos humanos e do gerente do departamento em que alguém irá trabalhar antes de contratá-lo(a). As pessoas querem (e merecem) ter o controle sobre o departamento que administram. Porém, na ânsia de contratar alguém que me pareceu interessante, desconsiderei a opinião deles e impus a ambos uma nova profissional. Isso não teria sido necessário se eu tivesse sido um pouco mais paciente. Porém, em minha mente, pensei: "Não há dúvida. Eu estaria louco se não contratasse essa pessoa". Ela era ótima, contudo, agora compreendo que é sempre melhor seguir todos os passos do processo.

Em segundo lugar, minha ansiedade assustou um pouco a nova profissional, conforme ela mesma me confessaria anos mais tarde, depois de um longo e maravilhoso relacionamento profissional (que somente terminou quando seu marido foi transferido para outra universidade – quem vive pela espada, morre pela espada, diz o ditado).

Aprendi ao longo dos anos a controlar o meu entusiasmo quando um vencedor entra em minha sala. Aquela jovem era uma vencedora, mas eu não deveria tê-lo demonstrado com tamanha veemência. É normal que sempre procuremos mais aquilo que não podemos ter, então, pelo menos tente parecer um pouco difícil ou finja que precisa pensar um pouco antes de tomar a decisão.

Por fim, verifique cuidadosamente as referências apresentadas. Quando trabalhei como gerente de uma emissora de rádio no início de minha carreira, contratei um novo radialista que havia acabado de se mudar para a cidade. Eu o contratara por volta das 10 da manhã, porém, naquela mesma tarde, ele foi preso por roubar peças de carne em um supermercado local. Ao ser preso, ele declarou que eu era o patrão dele e, então, tive de humildemente explicar a situação para os donos da rádio. Não foi um dos meus melhores dias em termos de liderança.

O FATOR ERRO

Mantenha uma atitude positiva. Aprender com os próprios erros é uma oportunidade de crescimento. Mantenha uma atitude positiva e acredite que você alcançará um novo resultado no próximo desafio.

Não preciso dizer que, depois de minha atitude impensada, nossa agência refinou seu processo de contratação e estabeleceu um histórico exemplar. Ao longo de vinte anos, pudemos nos gabar de manter uma taxa de rotatividade mais baixa que a média do setor (6,3%), o que significa dinheiro no banco para qualquer empresa. Em comparação, na última vez em que foi medida na área de publicidade, a taxa de *turnover* estava em 30%. Em 2007, quando pesquisamos novamente sobre esses números, descobrimos que eles já não eram mais medidos porque, conforme nos informou o representante da Associação Americana das Agências de Publicidade (AAAP), "nossos associados não querem que coletemos esses dados porque eles podem denegrir a imagem do setor perante a opinião pública".

LIÇÕES DO CAPÍTULO 8

MANTENHA SUA TAXA DE ROTATIVIDADE BAIXA

Minha filosofia tem sido "manter o *turnover* baixo e reter os melhores profissionais da empresa". Eis algumas estratégias para atingir esse objetivo:

- Proporcione oportunidades de crescimento e aprendizado aos colaboradores.
- Ofereça a eles uma participação na empresa.
- Crie um ambiente de trabalho amigável, saudável e agradável.
- Dê autonomia aos associados para que eles assumam responsabilidade pelo trabalho que realizam.
- Envolva os associados na gestão da empresa e no processo de crescimento da organização. Peça a eles opiniões formais e informais sobre como a empresa deveria ser dirigida e implante essas sugestões na medida do possível.
- Exija desempenho de primeira linha. Celebre os erros. Ofereça assistência e treinamentos constantes.
- Reconheça o bom trabalho dos seus colaboradores, mas deixe claro quando um desempenho melhor é esperado. Faça avaliações regulares a fim de determinar o nível da equipe.
- Tente reduzir o nível de estresse promovendo um estilo de vida saudável na empresa.
- Procure clientes que compartilhem do mesmo sistema de valores que você. Encerre contas cujos clientes não demonstrem reciprocidade em relação ao respeito e à dignidade que sua empresa lhes oferece. Forneça sempre o melhor produto ou serviço, mas não aceite abusos!
- Seja uma empresa transparente. Divulgue informações financeiras da organização (exceto salários).

- Mostre a visão da empresa. Deixe que seus funcionários saibam para onde a empresa caminha e como você pretende chegar lá.
- Trate seus colaboradores com respeito e compaixão quando tragédias pessoais se abaterem sobre eles e interferirem no trabalho.
- Ofereça um bom salário. Recompense o desempenho excepcional.
- Seja diligente ao contratar. Sempre considere a atitude e o caráter do indivíduo.

CAPÍTULO 9

FAMÍLIA, DEUS E OS GREEN BAY PACKERS

A maior realização não está em nunca cair,
mas em sempre se levantar depois da queda.

– Vince Lombardi

Vince Lombardi foi um dos meus grandes heróis de infância. Cresci no Wisconsin, na época da dinastia Packers.* Li o livro que ele escreveu, *Run to daylight* [Corra para a luz do dia] e o vi atuando como treinador no estádio do condado de Milwaukee, provavelmente o pior lugar do mundo para se assistir a um jogo de futebol americano, uma vez que o campo fora construído para a disputa de beisebol. Porém, ninguém se importava porque adorávamos os Packers e Lombardi.

Porém, Vince Lombardi era lendário por suas duras táticas e seu rígido estilo de comando. Jerry Kramer, responsável pela famigerada jogada que colocou Bart Starr de frente para a zona de fundo do campo, permitindo a virada do jogo e garantindo o título do Campeonato da Liga Nacional de Futebol para os Packers, em 1967, disse certa vez algumas palavras duras a respeito de Lombardi: "Ele nos trata a todos da mesma maneira – como animais". Lombardi definitivamente tinha um estilo durão.

Mas Vince Lombardi sabia perfeitamente quais eras suas prioridades: em primeiro lugar vinha sua família, então Deus e, finalmente,

---

* Trata-se do terceiro time de futebol americano mais antigo da liga oficial do esporte nos Estados Unidos. (N.E.)

os Green Bay Packers. Sua razão para essa ordem era específica: ele sabia que não existia rival para sua família, então a colocou acima das outras categorias – incluindo o seu amado Green Bay Packers. Essa pode ser uma boa lição para os tipos de gestores superexigentes de hoje em dia.

É inevitável que em nosso ambiente de trabalho as pessoas com quem trabalhamos sejam confrontadas com tragédias pessoais ao longo da vida: a morte de um membro da família, enfermidades, divórcio ou qualquer outro infortúnio pessoal. Quando esses acontecimentos envolviam meus colaboradores, eu procurava falar pessoalmente com a pessoa para lhe dizer o quanto lamentava pelo ocorrido e perguntar-lhe se havia algo que eu pudesse fazer para ajudar. (Às vezes essa conversa ocorria por e-mail ou telefone, pois o indivíduo estava tão abalado que não podia comparecer para uma reunião.) Eu dizia que entendia que aquele era um assunto de caráter pessoal e que ela não deveria se preocupar com o trabalho, apenas com sua família, pois suas tarefas seriam realizadas por outros na empresa. Ressaltava que não deveriam sentir-se obrigadas a voltar rapidamente para a empresa e que, em uma escala de 0 a 10, a família sempre ocuparia a posição mais alta.

O FATOR ERRO

Coloque o ser humano em primeiro lugar: família, amigos, colegas de trabalho, pessoas nas ruas e até você mesmo. Quando estamos na linha de frente nos arriscando, ganhando ou perdendo, sempre que colocarmos as necessidades humanas em primeiro lugar lucraremos com isso.

Na realidade, o que eu fazia era dar a esse indivíduo a oportunidade de ficar o tempo que fosse necessário ao lado de sua família durante a crise que se desenrolava. Não me lembro de jamais alguém ter abusado dessa situação. Aliás, ocorria o contrário, eu sempre me surpreendia com a rapidez com que as pessoas retornavam para suas funções. Havia uma razão para aquilo. Eu sempre explicava a elas que se, em contrapartida, quisessem voltar à empresa e permanecer ao lado de sua "segunda família", também entenderíamos. Às vezes, a melhor terapia é manter-se ocupado. Aliás, pode ser um verdadeiro alívio envolver-se em um trabalho que se adora realizar. Eu mesmo já fugi da dor por meio do trabalho. A última coisa de que o ser humano precisa em situações aflitivas é ter alguém julgando se ele deveria estar em casa sozinho, sofrendo, ou no trabalho, cercado por amigos. Para algumas pessoas, o trabalho é uma escolha mais fácil; para outras, não. O mais importante é que a decisão seja tomada pelo próprio indivíduo e que nós apoiemos sinceramente o que quer que ele decida. Invariavelmente, sempre que houve uma situação dessas recebi inúmeros agradecimentos. Quando se espera que os colaboradores deem o máximo de si para a empresa em tempos de crise, a empresa também deve responder da mesma maneira quando seus funcionários enfrentam situações difíceis. As pessoas que trabalhavam na Ovation sabiam que às vezes teriam de trabalhar nos fins de semana ou até tarde da noite a fim de cumprirem o prazo de entrega de determinado projeto. Eu não precisava lembrá-las de suas responsabilidades. Elas simplesmente sabiam que, diante de emergências, teriam de se desdobrar, mas que a empresa jamais abusaria delas. Quando se exige esse tipo de ética por parte dos funcionários, é preciso retribuir na mesma moeda quando o profissional enfrenta momentos difíceis. Nossa abordagem com relação a tragédias pessoais provavelmente fez mais para promover a lealdade de nossos colaboradores que qualquer outra política que adotamos na empresa. E era tão simples, tão básica, que é difícil entender por que não é adotada universalmente.

Anos atrás, uma associada veio me agradecer pela bondade demonstrada durante uma tragédia pessoal que envolvera sua mãe. Ela havia resolvido a crise familiar da melhor maneira possível e agora estava retornando ao trabalho. Ela testemunhou que sua própria irmã teve uma experiência completamente diferente em seu emprego. Quando ela disse que precisava se ausentar do trabalho para resolver o problema, o chefe dela disse: "Eu sei que você tomará a decisão certa para a empresa". Meu Deus! Que coisa mais ridícula para se dizer a um funcionário que está agoniado com seus problemas pessoais e, ao mesmo tempo, superpreocupado com seu trabalho, já que invariavelmente os empregados mais inteligentes e talentosos são os que mais se envolvem com suas tarefas profissionais, às vezes até de maneira desnecessária. É como colocar uma faca no pescoço do indivíduo! Aquele gerente deveria ter sido demitido sumariamente e o ocorrido deveria ter sido divulgado na internet para que todos pudessem ver. É esse tipo de gestão que deu origem aos sindicatos.

A tragédia nos dá a oportunidade de aprender quem somos e nos mostrar claramente aos nossos empregados. A tragédia é o momento ideal para os líderes darem um passo à frente e efetivamente assumirem a liderança. É o momento ideal para ele justificar sua posição dentro da empresa, mostrar o sistema de valores da organização e, sobretudo, mostrar que tipo de liderança exerce quando está em circunstâncias difíceis. Assuma o maior desafio que puder e nunca perca a oportunidade de assumir riscos ainda maiores no futuro. Vince Lombardi, um tipo durão em um esporte difícil, sabia que sua família era mais importante que tudo, até mesmo que meu adorado campeão mundial, o Green Bay Packers.

LIÇÕES DO CAPÍTULO 9

NÃO DEIXE DE ESTABELECER CORRETAMENTE SUAS PRIORIDADES

O que está em sua lista de tarefas? Provavelmente, se ela for como a maioria das listas de outras pessoas, está repleta de projetos profissionais e pendências "importantes". Se você pensar nas pessoas mais importantes de sua vida hoje, o que tem em sua lista que diga respeito a elas?

Quem ocupa sua mente? Atualmente estamos muito ocupados nos comunicando por e-mails, telefone ou mensagens de texto instantâneas. Mas será que estamos realmente nos conectando com outras pessoas? Esqueça todas as tarefas diárias "urgentes" e tire quinze minutos para sentar-se, conversar com um colega de trabalho e conhecê-lo melhor.

Arrume tempo. Tradições familiares, atividades divertidas e eventos especiais permanecem em nossa mente por muito tempo. Muitas vezes somente precisamos de um pouco de planejamento para presentear espontaneamente alguém com uma tarde diferente no parque, um bate-bola ou uma atividade voluntária com uma criança ou um amigo. Um líder eclético é ainda mais forte.

CAPÍTULO 10
APRENDA COM SEUS ERROS

Se você não erra, não está trabalhando em problemas suficientemente difíceis. E esse é um grande erro.

– F. Wilezek

Certa vez, tive uma conversa interessante com um dos meus associados e gostaria de compartilhá-la com vocês. Ele disse: "Ralph, por que você é sempre tão rápido em apontar seus próprios defeitos perante toda a empresa?".

Aquela fora uma ótima pergunta. Apontar meus erros tem sido minha filosofia de gestão de negócios. Eu faço isso porque não posso repetir indefinidamente que é aceitável para aqueles que trabalham comigo cometer erros e, ao mesmo tempo, fingir que nunca erro. Que melhor maneira haveria de mostrar para toda a empresa que enganos são admissíveis se não por meio de meus próprios equívocos?

Devo ressaltar que me refiro aos erros cometidos por ousadia, por assumir riscos, não àqueles perpetrados por falta de profissionalismo. (Enviar uma carta a um cliente com erros de digitação ou gramática apenas porque você não usou um corretor de textos nem um dicionário, tampouco releu o trabalho, não é um erro, mas uma atitude antiprofissional.)

Eu encorajo as pessoas que trabalham comigo a assumir riscos e tento recompensá-las publicamente, em especial quando falham. É fundamental não ter medo de cometer erros. Ainda assim, é difícil acabar com o medo que impera nas organizações.

Por que será que hesitamos tanto em encarar nossos equívocos do passado e aprender com nossos próprios erros? A resposta é simples: porque dói! Requer certo grau de compreensão e autoconfiança examinar os próprios fracassos. Infelizmente, nem sempre as pessoas demonstram confiança em si mesmas. É preciso que os verdadeiros líderes criem um ambiente no qual seus funcionários entendam que não apenas podem errar, mas devem cometer erros em sua trajetória rumo ao sucesso. Quando acreditamos verdadeiramente que os erros fazem parte do caminho para a vitória, removemos o peso do fracasso.

Sem dúvida, cada um de nós já experimentou em algum momento de sua vida uma "bofetada" por ter cometido um erro. Lembro-me claramente de uma situação como essa no primeiro ano de escola, quando recebi das mãos de um professor a quem adorava e admirava uma prova com o seguinte comentário: "Aqui está sua prova. Você errou três questões!". Partiu meu coração ver que, a despeito de ter me empenhado tanto para realizar aquela prova e de ter acertado 97% das respostas, recebera em troca um comentário salientando apenas os erros que havia cometido. Aquele resultado deveria ter sido motivo para grande alegria e celebração, mas, infelizmente, não é assim que o nosso sistema educacional funciona. Em vez de incutir autoconfiança em nossos futuros líderes, muitos educadores os criticam e ressaltam que seus atuais alunos "pisaram na bola" e erraram três respostas. É assim que o problema começa (e tende a piorar). Muitos professores têm ajudado a fazer muitas pessoas se sentirem petrificadas pelo medo de errar. Entretanto, tal responsabilidade é também compartilhada por várias outras pessoas importantes em nossa vida – e geralmente bem-intencionadas –, como nossos pais, cônjuges, amigos, autoridades religiosas, colegas de trabalho e empregadores. Todavia, para uma empresa ser bem-sucedida, seus funcionários e colaboradores não podem ter medo de errar. Na verdade, eles precisam ter a oportunidade de cometer centenas de erros ao longo do caminho, sem medo. Isso lhes servirá como aprendizado para chegar à vitória.

Considero que a resposta dada ao meu associado tenha sido correta. Eu, de fato, acredito no que disse. Porém, ele replicou: "Está bem, Ralph, mas em nossa sociedade não toleramos erros por parte de nossos líderes". Pensei muito sobre aquele comentário. Lamentavelmente, ele estava certo. É possível atestar isso nas eleições presidenciais. Cada vez que um dos candidatos comete um erro, seus índices nas pesquisas de opinião caem. Eleições são vencidas ou perdidas por concorrentes que não saem do "roteiro" nem ousam errar. Quaisquer equívocos poderão rotular o candidato como incapaz de dirigir seu país. Em contrapartida, se seus erros forem encobertos, ele poderá ser estigmatizado como um criminoso.

Considere o seguinte: Certa vez ouvi um político norte-americano explicando que as queimadas controladas no Novo México eram intencionalmente produzidas por trabalhadores de empresas de gestão da vida selvagem que atuavam na limpeza do terreno. Infelizmente, uma das queimadas fugira do controle e causara grandes danos em uma vasta região. O mesmo político disse então: "Nós encontraremos quem cometeu esse erro e o demoveremos de seu cargo". Em minha filosofia, isso é o oposto do que deveria ser feito. Aliás, acredito que não exista ninguém melhor para se responsabilizar pela próxima queimada planejada do que o indivíduo que errou, pois ele provavelmente aprendeu com o que fez de errado e saberá como proceder com mais segurança da próxima vez. Afinal, esse profissional acabou de destruir uma larga extensão de terra no estado e certamente será bem mais cuidadoso que outro profissional novo e inexperiente.

O FATOR ERRO

Cometa mais erros. Se isso não estiver acontecendo é porque se preocupa em seguir apenas fórmulas testadas e aprovadas. Neste caso, não está desempenhando todo o seu potencial, somente evitando riscos.

Erros são experiências de aprendizado que o levarão ao sucesso. É justamente por causa disso que indivíduos que arriscam mais merecem ganhar bem, pois são mais valiosos para a empresa. Não há melhor maneira de enfatizar a necessidade de assumir riscos que recompensar o cometimento de erros e celebrá-los.

Todavia, embora seja possível aprender com os erros dos outros, as lições que aprendemos com os nossos próprios equívocos são indeléveis, pois permanecem para sempre em nossa psique – para o bem ou para o mal. Às vezes, um líder pode demonstrar mais apoio a um colaborador quando permite que ele tente algo novo e fracasse com uma ideia arriscada do que se insistir em citar casos passados ou ditar os cursos de ação. É difícil prever qual método é mais adequado. De qualquer maneira, acredito que precisamos aceitar os erros tanto dos líderes como dos funcionários. Não se pode fazer diferença entre cargos, pois é fundamental que o perdão absoluto seja oferecido a todos, igualmente, incluindo-se gerentes e até o presidente da empresa.

Pelo fato de estarem sempre na linha de fogo, líderes têm mais potencial para cometer um maior número de erros. Seus equívocos são, em geral, altamente visíveis e envolvem grandes somas de dinheiro. Uma vez que esses indivíduos têm poder, é comum tentarem esconder suas falhas. Isso, porém, faz que eles abram mão do benefício de aprender com seus enganos. Portanto, deixe claro para toda a empresa que cometer erros é algo perfeitamente aceitável quando se está tentando ser ousado e arriscando novas iniciativas, pois elas representam o futuro de sua organização.

Não se pode adquirir ou planejar o tipo de aprendizado que os erros e fracassos proporcionam. Eles apenas demonstram que você está na linha de frente, assumindo riscos e empenhando seus melhores esforços. Aprender com os próprios infortúnios o torna ainda mais valioso para a sua organização. Pessoas confiantes de suas habilidades não temem admitir seus insucessos, portanto, reconheça-os, aprenda as lições valiosas que eles lhe proporcionarão e comemore a experiência adquirida.

LIÇÕES DO CAPÍTULO 10

TRANSFORME O FRACASSO EM UMA LIÇÃO DE SUCESSO

Tenha a coragem de fracassar. Anos atrás, a agência de publicidade que eu dirigia participou de uma concorrência e perdeu. Cinco agências foram convidadas para se apresentar diante de seis estranhos e dizer a eles por que elas deveriam ser incumbidas de redesenhar o site da Kotex, que o próprio cliente acreditava precisar de melhorias (essa é uma história real!). O site que nos pediu para redesenhar era confuso para o consumidor, pois disponibilizava inúmeros produtos para venda na home page, mas nenhum item em particular se destacava. Para demonstrar a confusão que o consumidor sentia ao acessar o site, nosso diretor de criatividade propôs jogar várias bolas multicoloridas na mesa da sala de reunião para simular as escolhas confusas que os consumidores teriam de fazer quando acessassem a página inicial. Confesso que fiquei entusiasmado, afinal sou o principal defensor de ideias inusitadas. Finalmente, alguém respondera aos meus apelos para usarmos um pouco de drama em nossas apresentações, então ofereci todo o meu apoio à ideia. Chegamos à apresentação e, no momento apropriado, nosso diretor de criação tirou debaixo da mesa cinquenta bolas multicoloridas e as jogou na mesa de reuniões. (Na ocasião cheguei a pensar que deveríamos ter inclusive levado mais bolas.) Foi bem dramático, e nós achamos que tínhamos feito uma bela apresentação.

Semanas mais tarde, soubemos que não havíamos sido escolhidos. Geralmente o cliente em potencial diz que você chegou em segundo lugar para não deixá-lo muito chateado. De fato, ficamos em segundo lugar em quase todas as concorrências que perdemos. Porém, nesse caso, não ficamos nem em segundo! Quando fizemos uma entrevista mais detalhada, pós-apresentação, com as pessoas que nos convidaram, soubemos que elas odiaram a ideia das bolas. Um dos gerentes de marca disse que se sentiu "ameaçado" por elas. Quem poderia imaginar? Embora tenhamos perdido a concorrência, ainda acho que foi uma ótima ilustração da confusão que o consumidor sentia e continuo a aplaudir a ideia do diretor de criatividade.

Rejeite o medo. Imagine que você é o líder da empresa que apresentou a ideia das "bolas atiradas na mesa". Você sabe que já fez muitas apresentações de negócios no passado e se lembra que a dramaticidade lhe garantiu várias vitórias. Além disso, reconhece que comandou uma agência de sucesso por trinta anos, sem a ajuda de um prestigioso endereço na Madison Avenue, portanto, você apenas precisa continuar a ser ousado e fazer apresentações decisivas e dramáticas. Porém, por causa desse único fracasso, o medo de assumir riscos começa a permear sua organização e você passa a hesitar. Então, da próxima vez que tiver de se preparar para uma concorrência semelhante e seu diretor de criatividade sugerir alguma ideia excêntrica que poderia fazer sua empresa se destacar das demais concorrentes, você ficará em dúvida. Ele apresenta sua sugestão para a equipe e um dos "boicotadores de ideias" diz: "Lembre-se, tentamos isso com a Kotex e eles se sentiram ameaçados pela ideia. É melhor não arriscar". Errado! Evitar riscos é o caminho certo para a mediocridade. Se quiser vencer, terá de arriscar.

Recompense os que se arriscam. Como se mata o medo do erro quando ele está crescendo em sua organização? Como líder, você precisará agir rapidamente. Na próxima reunião semanal, levante-se e ofereça uma recompensa significativa em dinheiro para o diretor de criação que teve a ideia das bolas. Celebre seu fracasso da maneira mais clara possível, recompense e elogie o diretor de criatividade publicamente. A ousadia não funcionou daquela vez, mas sabemos que funcionara no passado e que isso voltará a acontecer no futuro. Queremos continuar ousados. Agindo assim, a "lenda das bolas" passará do fracasso à celebração, e a equipe trabalhará duro novamente para apresentar a próxima grande e ousada ideia.

CAPÍTULO 11
EMPENHANDO-SE EM ERRAR

Se você não se empenhar em tudo o que faz, não viverá intensamente. Não se pode ter medo de errar, pois, se você não o fizer, é porque não se dedicou o suficiente. Observe e verá que as pessoas bem-sucedidas e felizes erram bastante. Isso ocorre pelo fato de elas estarem constantemente empenhadas em chegar mais longe.

– Dean Karnazes

Dean Karnazes é um ultramaratonista. Ele fez a afirmação acima em uma entrevista concedida em janeiro de 2007 para a revista Outside.[1] Dean sabe exatamente como aplicar as lições do universo da competição atlética à sua vida em geral e ao mundo em redor. Sua afirmação descreve corretamente uma bem-fundada filosofia de negócios. Empresas e funcionários com alto desempenho demonstram menos medo de errar – e, ao mesmo tempo, um alto índice de erros. Surpreso? Isso ocorre pelo fato de eles se sentirem confortáveis com o fracasso, uma vez que o insucesso é visto como um veículo para o crescimento. Em vez de se envergonharem, usam seus infortúnios como títulos de honra. Esses indivíduos estão sempre experimentando coisas novas e tentando implementar novas grandes ideias que os farão

[1] Você poderá encontrar a entrevista completa de Dean Karnazes ["A Máquina Dean"], concedida a Katie Arnold, na edição de janeiro de 2007 da revista Outside, no site http://outsideonline.com/outside/bodywork/200701/new-years-resolutions-2.html.

sair da zona de conforto, assim como seus clientes, e alcançar novos índices de sucesso empresarial. Infelizmente, a maioria das pessoas, e em particular as culturas empresariais conservadoras, não querem assumir riscos. Ao contrário, preferem jogar "seguro", voar abaixo do radar, repetindo as mesmas escolhas feitas no passado. Elas atuam sob a crença de que se não fizerem marola, o barco seguirá tranquilo sem chamar a atenção. Ninguém gritará com eles por erros cometidos, pois eles em geral não tentam nada grandioso que pudesse eventualmente falhar (ou funcionar!). Praticamente nenhum ambiente profissional apoia ideias arriscadas; neles, os fracassos não são encorajados nem (acreditem!) recompensados.

Analisei como tal prevenção contra riscos teve um papel importante nas empresas de vários potenciais clientes da Ovation. Frequentemente éramos convidados por grandes empresas a participar de concorrências e competir com outras agências por suas contas de publicidade e marketing. Ganhávamos cerca de 1/3, perdíamos outro terço e cerca de 33% dos trabalhos não eram executados por nenhuma agência. Se pudéssemos identificar de antemão o percentual dos clientes em potencial que acabaria não assinando contrato com ninguém e também aqueles com os quais alcançaríamos pouca ou nenhuma sinergia (e que, portanto, provavelmente não nos dariam mesmo o trabalho!), teríamos economizado bastante tempo e dinheiro.

Oitenta por cento das verbas empregadas em publicidade nos Estados Unidos são controlados por quatro grandes *holdings* do setor. Quando concorríamos pelas contas de algumas empresas conservadoras que se mostravam abertamente avessas ao risco e não obtínhamos sucesso, às vezes éramos capazes de claramente identificar que o fracasso nas negociações ocorrera em função dessa característica específica. Em outras palavras, para uma organização conservadora, a ideia de contratar a Ovation Marketing, uma agência situada em uma pequena cidade do Wisconsin, exigia muita coragem, portanto, seria bem mais fácil assinar com uma empresa como a JWT (J. Walter Thompson), de Chicago, Illinois.

Alguém que escolhe a JWT não terá de explicar sua decisão. Qualquer um que conheça bem o mundo da publicidade sabe que a JWT é uma empresa bem-estabelecida, pertencente a uma das quatro grandes *holdings* de publicidade. É notório que a organização conta com profissionais competentes que realizam um excelente trabalho na área de criação. Esses fatos tornam a decisão do cliente "segura".

Em contrapartida, se ele opta pela Ovation Marketing, é provável que tenha de dar muitas explicações. Afinal, o que justificaria a contratação de uma agência pequena, independente, sediada no centro-leste dos Estados Unidos e que, às vezes, atua de um modo um pouco heterodoxo em relação aos concorrentes?

Na realidade, a resposta não é assim tão difícil. Na maioria das vezes, quando fazíamos nossa apresentação, ajudávamos o cliente a se posicionar. É bem verdade que a escolha da Ovation exigia um tipo especial de cliente: um que fosse mais simpático a riscos, mais empreendedor e que trabalhasse em uma cultura empresarial que permitisse a tomada de posição, a assunção de riscos e a "explicação" do porquê da escolha, sem que os responsáveis fossem "fuzilados" pela chefia. Essa qualidade era provavelmente uma das razões pelas quais nossos clientes em geral permaneciam conosco em média sete anos, enquanto os das agências que pertenciam às quatro grandes *holdings* ficavam em média três anos (conforme relatório da Associação Americana de Agências de Publicidade, à qual éramos afiliados).

Ao longo de trinta anos de história, evoluímos de uma agência cujos clientes eram primordialmente empreendedores em início de operação (*start-ups*) para uma empresa que atendia organizações listadas pela *Fortune* 500. Tal transformação ocorreu por várias razões. Em primeiro lugar, fomos bem-sucedidos com várias *start-ups*, o que nos garantiu uma evolução natural em virtude do próprio amadurecimento. Entretanto, também colaboramos para esse aprimoramento assim que percebemos que as grandes empresas pagam melhor que as empreendedoras. Tivemos vários clientes empreendedores que rotineiramente questionavam nossos honorários e queriam discutir o que estavam dispostos a pagar e o que não estavam. Nós sempre entregamos trabalhos de qualidade a esses clientes, mas talvez eles considerassem que atingimos nossos objetivos por rotas alternativas, o que, de algum modo, abria espaço para que tentassem negociar a conta. Afinal, faz parte do espírito empreendedor negociar. Em nossa experiência, grandes empresas quase nunca questionavam a conta, e, quando o faziam, geralmente era em função de algum engano por parte do próprio cliente, portanto, a solicitação de revisão era legítima e razoável.

Nossa evolução também se deveu ao fato de marcas ícones atraírem marcas igualmente ícones. Tínhamos uma bagagem a mostrar com trabalhos feitos para a Budweiser e Betty Crocker, o que tornava nossa agência mais atraente para marcas como a State Farm Insurance e a Hershey's. No entanto, também é verdade que, quando se trabalha para marcas ícones, reconhecidas no mercado, muitos empreendedores assumem que você é muito caro e sequer pedem uma cotação.

A Ovation teve de aprender a trabalhar de modo diferenciado no mundo corporativo norte-americano. Há sempre exceções à regra,

O FATOR ERRO

Eleve o grau de dificuldade. Em vez de mirar em um alvo que você tem certeza de que irá acertar, opte por um objetivo que demande mais esforço e inclua algum risco de fracasso.

mas, em geral, empresas grandes, bem estabelecidas, não querem tentar algo novo e ainda não testado. Em geral é possível induzir um novo empreendedor a aceitar uma ideia inovadora simplesmente dizendo a ele que sua organização será a primeira a tentar expandir os negócios com aquela abordagem. Entretanto, quando grandes empresas ouvem que elas serão as primeiras a tentar uma ideia, elas ficam paralisadas. Quase posso ouvir a avaliação de desempenho realizada nos finais de ano: "Você está me dizendo que não tinha nenhuma indicação de que essa ideia iria funcionar? Agiu apenas com base na sua intuição de que essa era uma boa ideia?". Grandes corporações não querem ser as primeiras a testar algo novo. Na verdade, nesse quesito elas nem desejam ocupar a segunda posição, mas preferem poder analisar o histórico de sucesso antes de adotar determinada ideia. Assim, quando novas e arriscadas sugestões eram rejeitadas, logo apresentávamos ideias com histórico comprovado, estudos de caso de outras empresas que já haviam aplicado determinada abordagem e alcançado sucesso. Também incluíamos no mix de fornecedores que apresentávamos ao cliente várias contas de empresas empreendedoras, pois elas tendem a ser mais receptivas à criatividade. Além disso, a Ovation usava campanhas publicitárias inovadoras como parte de nosso portfólio. Essa combinação de fatos tornava as chamadas "ideias arriscadas" mais aceitáveis para culturas corporativas conservadoras.

É praxe que grandes organizações exijam do prestador de serviços algum tipo de análise de retorno de investimento (ROI), o que é uma atitude acertada. A Ovation incorporou isso como filosofia efetiva de trabalho independentemente do tipo de cliente que a contrata. É bom adotar de modo disciplinar todo o conhecimento adquirido ao longo dos anos com uma clientela variada e colocá-lo em uma planilha, tendo assim condições de prever como o negócio reagirá a uma ideia nova no caso de clientes específicos.

Independentemente de você ter uma agência de publicidade, ou seja, de ser o líder em uma empresa de qualquer ramo, parte do seu trabalho é continuar a agregar valor aos serviços que oferece. Uma maneira de fazê-lo é realizar regularmente "reuniões para avaliar o crescimento do seu cliente" nas quais serão analisados os resultados anteriores – tanto sucessos como fracassos – para que se possa determinar a direção a seguir no futuro. Se uma ideia funcionou para a empresa Y, talvez uma variação daquele conceito possa ser implementada na empresa Z. Entretanto, muitas vezes pode ser útil analisar os sucessos e fracassos de marketing obtidos por outras organizações e prever o desempenho de outras companhias em testes de campanha. O objetivo é estar sempre um passo à frente.

Às vezes, nossas ideias fazem sucesso. Essa é a parte fácil, pois todo mundo adora e apoia um comprovado vencedor. Nesse caso, a inspiradora adrenalina flui esplendidamente. A vida é bela e os lucros são grandes. Entretanto, às vezes nossas ideias falham, o que também é valiosíssimo para nosso banco de dados de ideias e geralmente nos inspira a refinar conceitos e tentar novamente. As empresas precisam estar abertas à possibilidade de que algumas ideias razoáveis precisam ser consideradas e ter espaço para respirar e se desenvolver. Elas também têm de entender que, às vezes, algumas ideias podem falhar.

Em alguns casos, analisar a derrota é ainda mais difícil que assumir riscos. Porém, se você aprender a analisar seus fracassos com serenidade, será capaz de aperfeiçoar enormemente a maneira como executa o seu trabalho. Confiando em si próprio e na crença de que até mesmo os fracassos são positivos, você aprenderá a discuti-los com o mesmo desprendimento com o qual pensaria em um diferente cardápio que poderia ter servido no jantar da noite anterior.

LIÇÕES DO CAPÍTULO 11

PASSO A PASSO OU UM SALTO GIGANTESCO?

Estabeleça um objetivo superousado. Um objetivo superousado é aquele que você sabe que provavelmente não atingirá – pelo menos não na primeira tentativa. Porém, os ganhos que terá poderão surpreendê-lo quando comparados a um objetivo que você já sabe ser capaz de atingir. Por exemplo, se você caminha regularmente como parte de sua rotina de exercícios físicos, não seria um absurdo se inscrever para uma corrida de 5 km ou 10 km. Para se superar, inscreva-se para uma meia-maratona ou uma corrida que exigirá disciplina em treinamento e comprometimento. Outro objetivo superousado pode ser o de dominar rapidamente uma língua estrangeira, matriculando-se em um curso de imersão, adquirindo livros, jornais e filmes, fazendo viagens, convivendo com nativos etc.

Tente algo novo. Adquira o hábito de experimentar todo mês uma nova atividade, esporte ou *hobby*. Não importa o que seja – escalada, pintura, panificação, tênis, teatro experimental ou qualquer outra atividade que o atraia. É provável que você consiga realizar algumas dessas atividades enquanto outras não, mas, de qualquer modo, será uma ótima experiência.

Tente algo que já tenha experimentado antes. Tome uma ideia ou projeto que tenha sido um fracasso e analise a razão para isso ter ocorrido. Houve um momento específico em que o projeto começou a desandar? Que fatores contribuíram para o fracasso? Se as circunstâncias fossem diferentes, você poderia ter alcançado sucesso? Tendo todas as informações que possui atualmente, você se sente seguro para tentar novamente?

CAPÍTULO 12
EXPECTATIVAS RAZOÁVEIS

Se você estiver disposto a analisar o fracasso e considerar não somente seu desempenho físico exterior, mas também sua lógica interna, perder pode ser valioso.

– Lance Armstrong,
7 vezes campeão da
Volta da França

Tenho quatro bicicletas. Pode parecer uma quantidade excessiva, mas cada uma tem uma característica e um propósito específicos, da mesma maneira que os vários tacos de golfe têm, cada um, sua finalidade exclusiva para os praticantes desse esporte.

Por muitos anos, comprei a maioria das minhas bicicletas e acessórios em uma mesma bicicletaria. Eu era um cliente leal, mas um dia me desentendi com os funcionários do local. Os problemas começaram quando eles me entregaram uma bicicleta sem o ajuste adequado na roda traseira. Quando saí pela priimeira vez para um passeio, a roda de trás soltou, eu caí e quebrei uma costela, além de ficar com vários hematomas pelo corpo. Até hoje eu já quebrei treze costelas em acidentes desse tipo e posso lhes garantir que é uma experiência desagradável. Um pedido de desculpas talvez tivesse resolvido o problema – eu sou capaz de perdoar –, mas isso não aconteceu.

Logo depois do acidente, decidi vender uma de minhas antigas bicicletas que, aliás, havia sido comprada na mesma bicicletaria. Eles concordaram em me ajudar a vendê-la, contudo, depois da negociação, me informaram que a política da empresa era cobrar 20% de comissão pela venda de equipamentos usados – política certamente razoável desde que tivesse sido comunicada com antecedência. Entretanto, quando o cliente, cuja costela está quebrada, somente é avisado depois da venda do equipamento, talvez essa não seja, de fato, uma política das mais inteligentes. Mas, mesmo assim, eu sou capaz de ser leal e perdoar.

Depois de uns dois meses, ocorreu-me que a bicicletaria não havia me dado o cheque pela venda da bicicleta. Quando perguntei pelo pagamento, eles me disseram que tinham me dado um crédito para comprar o que eu quisesse na loja. Novamente, aquela não seria uma política inaceitável se tivesse sido comunicada antes da venda. Porém, aquela nova falha de comunicação agora se somava à comissão de 20% e à minha costela quebrada!

Em seguida, tive de solicitar um trabalho de manutenção para uma de minhas bicicletas e pedi que eles entregassem o equipamento no meu escritório com um novo estepe no cesto da própria bicicleta. Quando saí para pedalar, vi que não havia nenhum estepe; contudo, quando reclamei, o mecânico que fizera a entrega afirmou que o estepe estava no cesto quando ele foi ao escritório. A essa altura, eu me perguntava se o mecânico que entregou a bicicleta não seria o mesmo que deveria ter ajustado a roda traseira! Como cliente, eu estava ficando irritado.

Ao receber a fatura do mês seguinte, percebi que constava a cobrança por acessórios que eu havia comprado. Porém, me lembrava de ter visto os mesmos guidões em outros catálogos por um preço bem menor. Quando questionei o preço, fui informado que, embora eles tivessem cobrado mais pelo acessório, não haviam cobrado a mão de obra. Novamente, um acordo razoável, mas, depois da costela quebrada, dos 20% de comissão, da concessão do crédito em vez do cheque pela venda, do estepe desaparecido e da política de mão de obra – razoável, porém não comunicada –, eu me cansei! O casamento acabou! A relação terminou mal, eu mudei de bicicletaria e comecei um novo (e excelente!) relacionamento.

Sempre adoro comprar naquela loja, pois eles forneceram ótimos equipamentos. Sou um cliente leal. Entretanto, não gosto que me forcem a comprar em determinado estabelecimento (como fizeram quando, em vez de me dar o cheque pela venda de um produto que eu havia deixado em consignação, eles me deram um crédito que eu só poderia usar lá), porque, desse modo, eu perco o controle da situação e deixo de ter o poder de decisão sobre minhas aquisições. Quando se estabelece uma loja ou empresa, é preciso que ela seja tão boa que o cliente se sinta compelido a gastar seu dinheiro lá, não que seja forçado a fazê-lo.

Não posso deixar de fazer analogias entre os fatos mencionados, minha experiência profissional e os serviços prestados aos nossos clientes. Devo admitir que também enfrentamos problemas de comunicação semelhantes. Em algumas ocasiões, não tivemos a coragem de comunicar claramente nossa estratégia de preços, em outras, criamos um material publicitário cujo efeito não foi o que esperávamos – o que se assemelha à negligência por parte da loja em ajustar a roda traseira da bicicleta.

Coloquei-me no lugar do dono da bicicletaria e perguntei: "A empresa agiu de modo razoável ou será que as expectativas e a reação do cliente é que não foram sensatas?". A resposta é fácil. A bicicletaria não define o que é certo ou errado, tampouco o fazia minha equipe na agência de publicidade. Cabe aos clientes definir se estão ou não sendo tratados de maneira justa. Se o cliente acredita que foi ou está sendo injustiçado, qualquer empresa se verá diante do desafio quase insuperável de tentar mudar tal percepção.

O FATOR ERRO

Sempre esteja preparado para algum sofrimento. Riscos e oportunidades caminham de mãos dadas. Machucar-se às vezes faz parte do jogo. Leve seus tombos, colecione seus troféus e continue sempre em frente.

LIÇÕES DO CAPÍTULO 12

EXPECTATIVAS RAZOÁVEIS

Quais são suas opções? Considerando minha experiência como cliente, o que eu esperava que a bicicletaria tivesse feito de modo diferente?

- **Em 1° lugar,** quando soube a respeito de minha queda, o dono deveria ter me chamado e pedido desculpas. Isso teria ajudado imensamente a aliviar a tensão (e a dor).
  Lição: Quando cometemos um erro, alguém na empresa terá de fazer um contato telefônico ou até uma visita. Quando o assunto é suficientemente sério, esta pessoa tem de ser o presidente. Em muitas ocasiões liguei para me desculpar por erros dos meus associados – tenho em meu escritório uma agenda especificamente para esse propósito.
- **Em 2° lugar,** a bicicletaria não comunicou suas políticas internas de maneira adequada e clara. Clientes não se importam com cobranças razoáveis, mas odeiam surpresas e detestam ser comunicados sobre valores devidos depois que a fatura é gerada.
  Lição: Se algo irá custar mais, avise com antecedência para que o cliente tenha o controle da situação e possa decidir se irá ou não querer gastar aquele dinheiro.
- **Por último**, não force o cliente a fazer negócios com você criando políticas unilaterais que não oferecem a ele liberdade de escolha.
  Lição: Crie uma empresa com a qual os clientes queiram realmente permanecer envolvidos por um longo prazo. Cultive relacionamentos que beneficiem ambas as partes – empresa e consumidor. Certifique-se de que todos os seus clientes estejam sendo bem tratados pelos seus funcionários. Concentre-se em vender os melhores produtos e oferecer serviços que irão contribuir para o sucesso do consumidor, não apenas para o seu.

CAPÍTULO 13
GANHANDO E PERDENDO NO JOGO DA NEGOCIAÇÃO

Meu pai disse certa vez: "Não queira ganhar todo o dinheiro envolvido em uma transação. Permita que o outro jogador ganhe um pouco também. Se mantiver uma reputação de sempre ganhar tudo, não fará muitos negócios."

– J. PAUL GETTY

Por muitos anos, um dos meus clientes foi a grande seguradora norte-americana State Farm. Não fomos contratados pelo pessoal de marketing da empresa, mas pelos profissionais responsáveis por fazer que os agentes de seguro usassem os fundos de publicidade cooperativos que a State Farm lhes disponibilizava. As estatísticas da State Farm demonstravam que os agentes não estavam usufruindo dos recursos disponíveis, que faziam parte de um programa cooperativo generoso que deveria contar com a adesão de todos. A agência de publicidade que atendia a State Farm por mais de vinte anos era a gigante global DDB (uma das agências líderes no mercado mundial, cuja receita, em 2008, foi de mais de 12 bilhões de dólares e o número de escritórios espalhados pelo mundo chegava a duzentos).

Por acreditarem que a DDB não estava dedicando atenção suficiente ao programa, a unidade de publicidade da cooperativa da State Farm recebeu autorização especial para trabalhar com nossa pequena agência em La Crosse. Em termos de contas, aquela não era a mais glamourosa que a Ovation Marketing já havia conseguido, mas, na época, acreditamos que seria uma grande oportunidade para trabalhar com a maior seguradora do país. E, como diz o velho provérbio de vendas: "Penetre e propague-se". Pensamos que, com o tempo, poderíamos explorar outras oportunidades em publicidade dentro da organização. Não sabíamos, porém, que estávamos nos embrenhando em uma briga interna e política da State Farm, que envolvia relacionamentos antigos e bem estabelecidos. Havia a "velha guarda" do departamento de marketing que tinha ligações pessoais e enraizadas com a DDB e queria manter aquela relação exclusiva, e que, definitivamente, não queria saber de uma nova agência com um nome estranho! Havia, em contrapartida, a "nova guarda", que desejava implementar mudanças.

Por fim – e não estou inventando –, a organização optou por uma solução ao melhor estilo Rei Salomão* e propôs dividir as contas da empresa em todo o país na metade, oferecendo 50% à Ovation e os outros 50% à DDB. Nem a DDB nem a Ovation se manifestaram contra essa medida. Para ambas as agências, sugerir que não seria bom para a State Farm dividir o mercado pela metade teria sido um gesto ousado e uma aposta interessante, que poderia ou não gerar recompensas. Talvez, no final das contas, a conta integral, assim como as verbas da State Farm, acabassem sendo entregues à agência que se mostrasse mais preocupada com os reais interesses da seguradora. Infelizmente, porém, nenhuma das agências se pronunciou a respeito, e esse foi um clássico exemplo em que nenhum dos atores tem a coragem para apostar tudo ou nada! Não sei se alguém na State Farm teria feito essa analogia com o Rei Salomão e entregado todo o trabalho para uma única agência; todavia, anotei esse episódio na minha lista de decisões a tomar da próxima

* Alusão à passagem bíblica em que duas mães brigam pela guarda de um bebê. Para resolver a disputa, o Rei Salomão sugere que a criança seja dividida em duas partes, mas a mãe de verdade se opõe e prefere entregar o filho à falsa mãe a ver a criança morta. Vendo a preocupação da mãe biológica, o rei entrega a ela a criança. (N.E.)

vez, pois empreendedores são apostadores por natureza. E que aposta formidável teria sido, considerando que a conta da State Farm era de 2 milhões de dólares por ano somente para a Ovation. Isso representava 14 milhões de dólares por sete anos. Mas, se eles tivessem optado por nos dar também a parte da DDB, teríamos um total de 28 milhões de dólares. Entretanto, se eles tivessem considerado que o melhor seria entregar a conta toda para a DDB, não teríamos recebido nada. Essa é uma das razões pelas quais adoro o que faço. Afinal, quantas vezes alguém pode contemplar uma aposta de 28 milhões dólares? "Colhões", disse a rainha. "Se eu os tivesse, seria o rei."

A DDB não gostou de ver outra agência imiscuir-se em seu relacionamento de longa data com a icônica seguradora. Entretanto, tivemos de trabalhar juntos dentro de certos parâmetros do programa e mantivemos um bom relacionamento. Vale ressaltar que a Ovation nunca representou uma ameaça ao domínio global da DDB.

Pelo fato de aquela ser uma situação atípica para uma agência de publicidade, negociamos honorários fixos pelo nosso trabalho de auxílio aos agentes de seguro e para veicular anúncios de mídia. Além disso, se precisássemos contratar serviços externos para ajudar os agentes a determinar como gastar seus dólares no programa cooperativa, cobraríamos aqueles custos da State Farm. Parecia um acordo justo para todas as partes. O relacionamento floresceu por anos, e o uso dos dólares do programa de cooperativa pelos agentes aumentou consideravelmente,

O FATOR ERRO

Conheça seus limites. Negociar ou assumir riscos calculados requer conhecimentos e planejamento prévios. Faça o seu dever de casa para que seja capaz de reconhecer os sinais que poderão colocá-lo em encruzilhadas.

tanto no território onde a Ovation atuava como no território comandado pela DDB. Ambas as agências foram bem-sucedidas, e, depois de seis anos de um ótimo relacionamento, a State Farm decidiu entregar a gestão do programa de cooperativa para os tubarões do departamento de marketing. Passamos a nos reportar não mais ao pessoal simpático que havia nos contratado, mas aos profissionais do marketing, o mesmo grupo que havia se oposto à nossa contratação anos atrás. Imediatamente senti o perigo. O primeiro obstáculo foi a objeção ao contrato que havíamos negociado. Eles acreditavam que tínhamos tirado vantagem do pessoal que originalmente nos contratou. Decerto, esse não é um bom começo! Afinal, não tínhamos colocado uma arma na cabeça do nosso cliente para que ele assinasse um contrato, que, aliás, foi renovado por seis anos! A Ovation acabou perdendo a conta da State Farm, mas tenho certeza de que não foi porque negociamos um contrato que era mais favorável para nossa empresa. Tudo que é bom um dia chega ao fim, inclusive o relacionamento entre cliente e agência de publicidade. É a vida, tudo muda! Lembre-se, no mesmo dia em que você ganha um cliente, começa a perdê-lo.

Negociações de contrato são sempre interessantes. Geralmente, a agência de publicidade não negocia a partir de uma posição mais forte em função da própria natureza do relacionamento. O cliente costuma entrevistar cinco ou seis agências, e todas brigam como cães famintos para firmar o contrato. Nunca estivemos em uma posição em que entrevistamos cinco ou seis seguradoras grandes e depois ligamos para elas informando para qual delas iríamos trabalhar. Isso seria divertido e emocionante, mas é tão improvável quanto um elefante passar pelo buraco de uma agulha. De tempos em tempos, nos anais das raras ocorrências, acontece de duas ou três agências supercriativas serem disputadas por dois ou três clientes de peso, mas é possível contar esses casos nos dedos de uma só mão.

Quando iniciávamos a negociação de contratos, sempre fazíamos de tudo para enfatizar que ofereceríamos ao cliente o melhor trabalho de criação possível; tentávamos demonstrar que éramos apaixonados pelo que fazíamos. Essa combinação justificava a razão pela qual não éramos os mais baratos.

A regra básica em negociação de custos é a mesma – a maioria das empresas quer cobrar o mais que puder por seus produtos e serviços, enquanto o comprador deseja pagar o menor montante possível. Negociar é um jogo, e quanto melhor você joga, mais você ganha. Esse era o jogo que praticávamos com nossos clientes e fornecedores. Cobrávamos honorários como um fornecedor de primeira linha, enquanto nossos clientes tentavam nos demover dessa posição. Se eles conseguissem fazer que reduzíssemos nossos preços, ganhávamos menos. Se nós conseguíssemos mantê-los, ganhávamos mais. Simples!

Para ganhar no jogo da negociação, uma empresa de serviços precisa momentaneamente dissociar-se da atitude usual de "consigo e posso fazer" – a atitude de sempre dizer sim às solicitações de clientes. Por exemplo, suponhamos que um cliente tenha pedido: "Nosso fornecedor em Taiwan acabou de subir os preços do tecido. Sabemos que vocês pretendem nos enviar a versão final das peças publicitárias para impressão amanhã, então seria possível mudar e aumentar todos os preços do catálogo em 10%?". Nossa resposta teria sido: "Sim, podemos fazer isso para vocês, mesmo que tenhamos de ficar acordados a noite inteira trabalhando! Vocês são nossos clientes e precisam da nossa ajuda, portanto, faremos o que for preciso para ajudá-los nessa situação".

Mas suponhamos que o cliente tenha pedido: "Não orçamos corretamente o trabalho para a edição desse catálogo. Será que vocês poderiam nos ajudar a produzi-lo por 15% a menos do que o preço usual?" Depois de tentar exaustivamente trabalhar de maneira mais eficiente (o que toda empresa boa precisa fazer para se manter competitiva), nossa resposta teria de ser: "Não, infelizmente não podemos baixar nossos honorários. Precisamos continuar lucrando para podermos manter as portas abertas e contratar os melhores talentos que trabalham todos os dias para agregar valor à sua conta. Trabalhamos com uma margem de lucros modesta. Se reduzirmos nossa margem, não conseguiremos sobreviver e, assim, não poderemos mais lhes prestar serviços. Talvez pudéssemos pensar em reduzir o número de páginas nesse catálogo e aplicar o dinheiro economizado em trabalho de criação. Ou talvez conseguíssemos cortar alguns dos nossos serviços, na esperança de lhes poupar 15%". É preciso tentar acomodar os interesses do cliente, mas não é possível simplesmente dizer sim e assumir a perda, ou logo você se encontrará à beira da falência.

Clientes de longa data respeitam o fato de que um negócio precisa ter lucros e entendem que se o empreendimento é forte, ele também é capaz de lhe servir melhor. De tempos em tempos, as empresas precisam pegar projetos únicos e de curto prazo (que não gerarão negócios futuros) de clientes que não estão particularmente preocupados com um relacionamento de longo prazo ou mutuamente benéfico. Eles apenas desejam pagar o menor preço possível e, coincidentemente, estão sempre com pressa. Então, se você quiser fazer o trabalho estará adentrando um jogo em que o preço precisa ser bem considerado. Esse é o tipo de cliente que, de preferência, deveria pagar um prêmio por ser demandante e ostentar um perfil de curto prazo.

Como eu desenvolvi essa atitude fria e sagaz? Porque presidentes se acostumam a trabalhar com um fluxo constante de demandas. As pessoas estão sempre cobrando maiores salários, mais participação nos lucros, seguro-saúde de melhor qualidade, computadores mais rápidos, tubulação maior, fiação mais segura, novos programas de computador, mais bolsas de estudo, mais seminários, novos Blackberries, ampliação do estacionamento, as últimas novidades em TI e assim por diante. Sinceramente, é gratificante satisfazer tais necessidades. Na verdade, essa é a melhor parte do meu trabalho. Eu ofereço a alguém um aumento ou um bônus por mérito e juntos partilhamos um momento de sucesso. Nem posso esperar para acontecer de novo! É assim que eu me sinto. Quando aviso o departamento de TI que temos dinheiro para comprar computadores mais potentes e mais ágeis, os olhos dos profissionais que ali trabalham brilham de alegria! É um vício para eles e para mim. É um hábito que eu quero manter, mas, para fazer isso, a empresa precisa continuar a ter lucros e a cobrar um preço justo por seus serviços.

Boas negociações podem também beneficiar você em caráter pessoal, pois sempre devemos nos empenhar em negociar o melhor preço. Recentemente estava comprando um presente e encontrei o item perfeito. Fiquei tão empolgado que quase disse "eu levo." Queria muito aquele produto e o preço estava razoável. Mas então me lembrei de fazer o jogo da negociação. Sei que muitas pessoas odeiam negociar e orgulhosamente afirmam que não são boas nisso. Acho que o medo de negociar é infundado, pois a negociação é um processo simples e fácil que todos deveríamos praticar sempre que surge uma oportunidade.

Então, respirei fundo e analisei o objeto demoradamente em frente ao vendedor. Abri um pequeno compartimento e, então, tive alguma dificuldade para fechá-lo, por isso estudei o mecanismo cuidadosamente, como se aquilo representasse um impedimento para a compra. Preferi não dizer nada, pois sei que não sou um ator digno de Oscar. Novamente, analisei o objeto com cuidado e murmurei algo, demonstrando indecisão. Em seguida, apliquei minha estratégia de negociação – apontei para a etiqueta de preço e disse: "Você pode melhorar este preço?"

"Claro!", disse o vendedor ansioso por fechar a venda. Ele pegou a calculadora e me ofereceu um desconto de 42%, o que me poupou algumas centenas de dólares! Em meio à minha pressa e empolgação por comprar, eu quase paguei o preço cheio. Normalmente, isso é tudo o que precisamos para fazer uma boa negociação.

LIÇÕES DO CAPÍTULO 13

HÁ SEMPRE ALGO A NEGOCIAR

Conheça o seu valor. A maioria das empresas baixa seus preços quando um cliente educadamente pede um desconto. Solicitar o preço por escrito, como se pretendesse fazer uma cotação com vários fornecedores, também causa o mesmo efeito. Uma cotação impressa é um lembrete significativo.

Seja agradável. Você não precisa ser rude ou maldoso para negociar. Na verdade, na maioria das vezes, quanto mais educado você for, melhor. Não requer muito ser um bom negociador. Seja paciente, utilize-se de algumas interjeições – "hum" ou "ah, entendo!" e o dinheiro irá direto para o seu bolso ou para os cofres de sua empresa.

Tenha calma. Você já notou que a maioria das empresas de varejo faz promoções que terminam em alguns dias ou até mesmo horas? Adivinhe! Elas farão outras promoções assim que acabar aquela e, talvez, com preços ainda melhores. Se eu ganhasse um dólar cada vez que eu fosse comprar um novo equipamento e me dissessem que a promoção acabaria em breve, hoje eu estaria rico! Acontece muito!

CAPÍTULO 14

NUNCA AMEACE DESISTIR

Nunca desista. Fugir de um problema é a coisa mais fácil do mundo. Estabeleça um objetivo e não desista até atingi-lo. E, quando isso ocorrer, estabeleça outro e não pare até alcançá-lo. Jamais desista.

– BEAR BRYANT

Uma das minhas associadas na Ovation estava envolvida em uma disputa com uma empresa que havia nos prestado serviços bastante aquém do esperado. Na época, buscávamos um reembolso, e essa colaboradora bastante moderada e de fácil trato, que era inclusive voluntária em sua igreja, se ofereceu para nos ajudar na negociação. Confesso que fiquei aliviado, porque lidar com um fornecedor cujos valores éticos são questionáveis é uma das coisas que eu menos gosto de fazer. Fiquei feliz de poder sair da linha de frente e deixá-la negociar. Além disso, ela era eficiente com cobranças e sempre conseguia conquistar as pessoas com seu sorriso e sua atitude positiva e conciliatória do tipo "sem dúvida conseguiremos resolver o problema".

Meses mais tarde tomei conhecimento de que a nossa gentil e simpática voluntária havia revelado uma personalidade bastante diferente e que sua linguagem tinha deixado de ser suave e gentil como a dos anjos para se transformar em algo mais comumente encontrado entre os encanadores (com todo o respeito pelos encanadores!). Aquela jovem calma e educada havia, de fato, conseguido o reembolso, porém, eu encontrei um e-mail que ela enviara ao fornecedor, em que ela dizia: "Nome do Fornecedor [sem saudações]: Isso é inaceitável. Não estamos acostumados a trabalhar com fornecedores que mentem e tentam nos enganar, e NÃO o faremos!".

Mas, afinal, como é que a situação se degenerou a tal ponto? Por que ela teria empregado uma linguagem tão forte que não levava à cooperação nem à solução do problema? "Como foi que tudo isso aconteceu?" – perguntei. Como a retórica atingiu tamanho grau de confronto, visto que essa não era a técnica usual daquela colaboradora? O fato é que, no calor da batalha, o fornecedor havia irritado a profissional a tal ponto, que ela acabou perdendo um pouco de sua habitual calma e de seu estilo normalmente ponderado.

Já vi muitas vezes isso acontecer a pessoas que ocupam cargos de liderança. Como bandidos e mocinhos, ambos os lados se engalfinham em uma negociação infindável. O cara mau provoca o bom moço até que a escalada da retórica sai de controle. Nenhuma das partes consegue entender o ponto de vista do outro e o sentimento de colaboração desaparece. Obviamente há situações em que o comportamento de uma das partes é tão absurdo, que não há esperanças de se resolver o problema de modo pacífico nem motivos para se fazer concessões. Mas, na maioria dos casos, é mais sensato encontrar um meio-termo em que ambas as partes possam chegar a um acordo. Se eu consigo evitar processos judiciais, fico felicíssimo. Também sempre me lembro do que me disse um advogado, a quem tive de recorrer depois que fracassei em solucionar um problema por meios não legais: "Se você pretende de fato se envolver com um tosco não confiável, certamente irá sujar as suas mãos!". Essa frase tem sido para mim uma forte motivação para tentar chegar a um acordo.

Por cinco anos fui presidente de uma organização sem fins lucrativos de conservação de terras. Tínhamos um acordo de longa data com a prefeitura do nosso município para a compra de terras nas colinas com vista para o Rio Mississippi, Colorado. A cada ano, a prefeitura alocava recursos para a compra de terras, e nós usávamos aqueles números para conseguir que o estado investisse recursos equivalentes, o que fazia o montante duplicar. Aquilo era uma parte importante do trabalho que a organização realizava. O acordo vigorava havia cerca de dez anos, mas tinha de ser renegociado de tempos em tempos. Em uma dessas renegociações, nosso diretor-executivo estava tendo grande dificuldade em negociar com o advogado da prefeitura. Cláusulas eram inseridas e retiradas do contrato sem que as mudanças fossem ressaltadas. Eles nos estavam deixando loucos! Chegaram a introduzir uma cláusula tão vaga e mal-redigida que parecia sugerir que a nossa pequena organização sem fins lucrativos teria de indenizar a prefeitura pelo período de vigência do contrato. Nós valorizávamos aquele relacionamento e éramos cautelosos e gentis com as pessoas do governo por terem feito esse acordo conosco. Mas, a essa altura, as negociações já duravam meses, o acordo atual havia expirado, ambas as partes estavam irritadas, as discussões tornaram-se mais ferrenhas e o relacionamento estava se deteriorando. Veja o míssil que disparamos contra o assistente do advogado da prefeitura no calor da batalha:

> *Não vejo como uma pequena organização sem fins lucrativos como a* MVC (Mississippi Valley Conservancy) *poderia concordar em pagar por todos os honorários que possam advir de uma das muitas disputas judiciais que a cidade possa ter com cidades vizinhas. É especialmente preocupante que a cidade tenha utilizado linguagem tão vaga ao dizer que, se a* MVC *meramente contribuísse para a inabilidade da cidade em cumprir com a lei de registros, a instituição seria obrigada*

a pagar todos os honorários advocatícios. Isso significa que a cidade poderia ser a principal responsável pela violação da lei de registros, mas, ainda assim, poderia transferir todos os custos para a MVC.

A linguagem que foi introduzida provocará a quebra do acordo. Por favor, alterem os termos utilizados e reintroduzam a linguagem que consta da versão original, caso contrário, receio que a MVC não tenha outra opção a não ser retirar sua participação.

Como chegamos a ponto de ameaçar a cidade que havia nos apoiado tanto ao longo desses anos? Por que não usar "Certamente compreendemos por que vocês consideram que a cidade deveria ser indenizada, mas uma pequena organização sem fins lucrativos como a nossa não dispõe dos recursos para assumir tal posição. Gostaríamos de poder fazê-lo, pois isso solucionaria o problema que desejamos tanto resolver"? O importante seria lançar mão de uma linguagem que mantivesse aberta a negociação, em vez de simplesmente ameaçar encerrar o relacionamento. Por fim, tivemos de adotar uma postura de conciliação e fazer concessões para conseguirmos fechar o acordo.

Depois de um longo diálogo interior há alguns anos, prometi que nunca mais ameaçaria desistir de nada, e tenho conseguido manter minha promessa. Quando você ameaça fazê-lo, acaba limitando suas opções e levando todo o processo de volta à estaca zero. Diversas vezes tive vontade de abandonar algo pela metade ou de, pelo menos, sugerir que o faria. Há algum atrativo em ameaçar desistir, pois a atitude nos faz sentir importantes, ousados e decididos, e põe fim em uma negociação que julgamos irritante.

Entretanto, quando desistimos, as concessões terminam e o jogo acaba! Geralmente, o momento é repleto de testosterona. Trata-se do clímax; do momento derradeiro em que, basicamente, mandamos nosso oponente para o inferno e dizemos a ele: "Eu não preciso de você e vou lhe provar isso! Nossa conversa acaba aqui!". (Uau, só o ato de digitar essas palavras já é gratificante!)

Porém, não se deve desistir de uma negociação. Essa é uma estrada escorregadia que inicia um ciclo difícil de romper.

Tenho um amigo ciclista que sempre desiste das corridas de bicicleta quando considera que não tem chance de ganhar. O argumento dele é que, desistindo, ele poderá guardar as energias que teria gasto em uma corrida já perdida, fortalecer-se e usá-la em um próximo evento com mais chances de vitória. Entendo o raciocínio dele, mas me apavora essa ideia. Particularmente, jamais adotaria essa estratégia pelo medo do precedente que isso poderia estabelecer. Nos últimos trinta anos, tenho participado de quinze corridas por ano, em média. Nunca desisti de nenhuma por temer que, da próxima vez que eu enfrentasse um adversário poderoso ou, repentinamente, me sentisse com muito calor, extremamente desconfortável ou nauseado pelo esforço excessivo durante a corrida, eu também desistisse.

Há momentos durante competições intensas em que vozes parecem surgir em nossos ouvidos e sugerir que é o momento de desistir, pegar uma bebida gelada e nos sentar à sombra. Lembre-se: ganhar é um hábito, desistir também. Churchill sintetizou bem o seu lema: "Nunca, nunca, nunca desista!".

Posso contar nos dedos as corridas que venci em minha vida. As poucas vezes em que estive na frente foram momentos extraordinários.

O FATOR ERRO

É preciso sempre concluir uma negociação. Isso significa que você fez o melhor que pôde e deu o melhor de si, mesmo que, no final, você fracasse. Desistir, jamais!

O indivíduo se sente superenergizado por estar liderando; a adrenalina corre pelo corpo e a experiência toda parece simples, livre de qualquer esforço. Quando se está correndo, parece que os pés estão flutuando em pleno ar. De bicicleta, é como se você estivesse deslizando ladeira abaixo, contra o vento. Qualquer que seja a droga que o corpo humano produza nesse momento, esta deveria ser ilegal, pois deixa a pessoa "turbinada" e a faz sentir como se tivesse uma vantagem injusta em relação aos seus adversários. Vencer nos negócios é igual. Quando sua empresa está na frente em uma concorrência, você parece estar pairando no ar. Tudo parece conspirar a seu favor. Até erros podem ser magicamente transformados em eventos positivos se as palavras corretas forem usadas aqui e ali.

A pergunta é: Como trazer essa atitude positiva de "consigo fazer" para a mesa de negociações no mundo empresarial? Onde encontrar a confiança e a garra que você tinha antes de o processo de negociação exauri-lo e roubar-lhe o espírito conciliatório?

É difícil manter uma atitude receptiva e conciliatória, mas é preciso. Tenha em mente que as negociações não são pessoais; trata-se apenas de um jogo para ver quem é mais habilidoso ao negociar. Aqueles que jogam melhor geralmente lucram mais ou asseguram o melhor contrato, ou o que quer que esteja em jogo. Logo que perceber que sua linguagem tornou-se confrontadora, concentre-se em deixá-la mais positiva e procure celebrar o acordo.

LIÇÕES DO CAPÍTULO 14

NEGOCIE ATÉ O FIM

A negociação da Crise dos Mísseis de Cuba. Uma das minhas ferramentas de negociação favorita é o que carinhosamente denomino de técnica de negociação da Crise dos Mísseis de Cuba. É mais uma maneira de obter sucesso quando o fracasso é iminente. Durante a Crise dos Mísseis de Cuba da década de 1960, os Estados Unidos receberam duas ofertas conflitantes da União Soviética. Uma delas era extremamente confrontante e imperdoável em relação aos interesses norte-americanos, enquanto a outra, vinda de um canal diferente, era conciliatória e contemplava concessões. O presidente Kennedy preferiu ignorar a oferta confrontante e, de modo expresso e verbal, abraçou calorosamente a conciliatória. A medida funcionou, os russos recuaram e Kennedy conseguiu uma das maiores vitórias de sua breve administração.

Tenho usado variações daquela abordagem ao abraçar de maneira graciosa e calorosa uma última oferta proposta por um adversário. Posteriormente, afirmo de modo discreto que será preciso apenas modificar duas ou três palavras que, naturalmente, tornarão os resultados um pouco mais favoráveis para minha empresa. Todavia, os adversários ficam aliviados pelo grau de entusiasmo demonstrado por mim, pois, obviamente, também desejam colocar um ponto-final na negociação.

Importe-se, mas não muito. Talvez a melhor lição sobre negociação que eu tenha recebido em toda minha vida tenha vindo do autor Herb Cohen, que disse: "Você tem de se importar, mas não muito". Em uma agência de publicidade, repleta de profissionais com personalidade "tipo A"* que se importam com tudo, essa frase, muitas vezes, tornou-se

* O autor se refere à Teoria de Jacob Goldsmith, segundo a qual existem dois tipos de personalidade: a tipo A (indivíduos tensos e nervosos) e a tipo B (pessoas tranquilas e serenas). A ocorrência desses padrões pode, respectivamente, aumentar ou diminuir as chances de ocorrências coronárias no indivíduo. (N.E.)

um mantra salvador durante negociações difíceis, quando adorávamos uma ideia criativa, mas percebíamos que o cliente não estava nada entusiasmado com ela. A prática de "Você tem de se importar, mas não muito" permite que você deixe passar algumas coisas ou, pelo menos, seja mais flexível quanto a uma ideia quando já não é mais prudente tentar comercializá-la ou defendê-la. Nem tudo sai como esperamos em uma negociação, e você precisa deixar passar e manter-se focado no objetivo maior.

Abandonar uma negociação. Pode ser que você simplesmente tenha de abandonar uma negociação difícil e, muitas vezes, você deve fazê-lo. Contudo, é melhor não ameaçar desistir. Abandone a negociação somente em último caso! Fazer ameaças sobre a eventual desistência é o mesmo que chorar como uma criança mimada. Lembre-se: a sociedade não admira esse tipo de comportamento, pois isso sinaliza ao adversário que você é fraco e está jogando suas últimas cartas. Torna-se mais difícil continuar a propor alternativas depois que você já disse que desistiria se tudo não ocorresse do modo como você desejava. Além disso, se alguém ameaça desistir e depois não o faz, perde toda a credibilidade junto ao oponente. É como o pai que vive ameaçando o filho com punições severas, mas nunca as coloca em prática. A criança logo percebe que é apenas mais uma ameaça vazia e deixa de acreditar no pai. É bem mais interessante e significativo insinuar e demonstrar indiretamente que você está ficando sem alternativas e, posteriormente, anunciar que você não tem alternativas viáveis e lamentar profundamente a circunstância. Mas não diga isso com todas as palavras, pois, se o fizer, estará encerrando a negociação.

CAPÍTULO 15
POR FAVOR, RESPONDA À PERGUNTA!

Quando você não consegue escolher entre dois cursos de ação, escolha sempre o mais ousado.

– W.J. Slim

Novas técnicas de vendas são a vida de uma agência de publicidade e da maioria dos negócios. Se depois de uma perda aprendemos com nossos erros, seguimos em frente e começamos a ganhar novamente. Nesse caso, a experiência e a perda terão valido a pena. Foi um investimento valioso em nosso contínuo processo de aprendizado e aperfeiçoamento.

Certa vez, perdemos um negócio porque simplesmente não respondemos a uma pergunta direta: "Para onde vocês levarão nossa marca no futuro?". Simplesmente falhamos em responder à questão da maneira sucinta como deveríamos. Foi uma experiência dolorosa porque posicionamento de marca era uma das áreas das quais mais gostávamos e em que melhor nos saíamos.

Nos negócios, quando alguém lhe faz uma pergunta direta, é preciso responder de modo imediato, claro e com detalhes suficientes para satisfazer o interlocutor. Em seguida, depois que você pensa que respondeu adequadamente à pergunta, é necessário ainda um complemento: "Eu respondi à sua pergunta satisfatoriamente?". Se o interrogador disser que não ou quiser mais detalhes, você ainda estará no jogo. Nesse caso, poderá se recuperar de sua primeira falha e continuar até que lhe digam: "Agora sim, você efetivamente respondeu à pergunta". Aí então você poderá celebrar.

Até mesmo a velocidade com que você responde à pergunta pode ter um impacto em sua credibilidade futura e na percepção que o interlocutor tem de suas competências. Suponhamos que eu esteja conversando com um cliente em potencial que deseja colocar no mercado um suplemento alimentar, conhecido como "barra energética". Uma típica pergunta inicial seria: "Que experiência sua agência possui na área de marketing de alimentos e bebidas?". Em trinta anos de atividade, a Ovation trabalhou com mais de uma dúzia de clientes do ramo de alimentos e bebidas, mas, se eu vacilasse na resposta ou demorasse a responder, aos olhos do cliente pareceria que possuíamos pouca ou nenhuma experiência. Em contrapartida, a confiança do cliente seria rapidamente garantida se eu lhe respondesse com prontidão: "Sim, temos trabalhado com muitas marcas ícones de alimentos e bebidas, incluindo a Hershey's, a General Mills, a Smucker's, a Anheuser-Busch, a Sargento Cheese e outras. Posso lhe mostrar uma lista completa de clientes nessa área e os trabalhos que fizemos para eles". Sinceramente, eu sempre anotava a relação de empresas para as quais havíamos trabalhado porque nunca conseguia lembrar de todas de modo rápido. No passado, eu não me importava com o fato de perder uma venda enquanto ordenava minhas ideias, mas em nossa sociedade atual somos julgados de modo contínuo; portanto, se cometermos um pequeno erro ou nos demorarmos para responder a perguntas diretas, o relacionamento pode terminar antes de começar.

Responder a perguntas diretamente torna-se crucial quando deparamos com a mentalidade do típico executivo tipo A, de "caçar/matar". Devo confessar que sou membro desse grupo. De fato, ostento esse tipo de mentalidade na maioria dos assuntos – está programado no meu DNA. Quando faço uma pergunta, espero uma resposta direta; é por isso que fiz a pergunta, afinal! Valorizo sua opinião e quero ouvi-la – agora! Quanto mais rápido você responder, mais feliz eu ficarei – e mais ousado você parecerá em minha mente. Muitas pessoas são fracas em responder a perguntas diretas por causa do nosso velho amigo: o medo de errar. Responder a uma pergunta diretamente requer um compromisso com respostas firmes. Alguns pensam que é mais seguro garantir a sua aposta utilizando-se de rodeios e valendo-se de discursos sobre opções, possibilidades e resultados potenciais.

"Então, diga-me, Bill, se lhe dermos o projeto de criar o nosso site, quando você acha que ele poderá estar disponível na rede?". Essa é uma pergunta a que normalmente as agências de publicidade hesitam em responder porque é uma questão fundamental para esse tipo de projeto e ninguém quer se comprometer com uma data que não seja adequada ou exequível. É nesse momento que se inicia uma bizarra "dança" verbal. "Bem, temos de reunir nossa equipe e determinar as necessidades de sua organização, preencher os formulários de requisitos e funções para o site, conversar com alguns de seus clientes para abordar questões de uso, construir a *wireframe**...", e assim por diante. Porém, o que os executivos tipo A querem ouvir é: "Um site do tipo que a sua empresa precisa levará em média de oito a doze meses para ser construído. Poderemos lhe fornecer um prazo mais definitivo depois que já estivermos trabalhando nesse projeto".

Entretanto, descaradamente parafraseando Maquiavel, nada é mais delicado, perigoso ou incerto no sentido de garantir o sucesso do que se posicionar como um líder e fornecer um preço final para algum produto ou serviço. Há uma escola de pensamento que considera quase um sinal de falta de educação discutir sobre o preço de um produto

---

* Trata-se de um desenho básico e resumido da interface, que, entretanto, retrata toda a arquitetura de informação do sistema desejada pelo cliente, assim como sua usabilidade. (N.E.)

ou serviço nas empresas. Se tiver a oportunidade de assistir às centenas de apresentações de vendas que existem por aí, em 99,9% delas o preço é colocado no final da apresentação. Parece que é considerada uma tentativa de suicídio começar uma apresentação informando os preços praticados. Particularmente, sempre quis colocar o preço no início da apresentação para chamar a atenção e sermos diferentes ou, até mesmo, para ver se alguém iria, de fato, "morrer" com a ideia. Na realidade, já vi empresas desculparem-se em apresentações com frases do tipo: "Antes de começarmos a falar de dinheiro e sobre o custo envolvido nesse projeto...", como se o cliente não fosse capaz de absorver a informação sobre o valor dos nossos honorários.

Entretanto, quando um cliente em potencial pergunta: "Quanto custará esse catálogo?", ele geralmente depara com um longo discurso que engloba desde o preço do papel e da postagem até o custo de uma boa impressora, e assim por diante. Por fim, ele poderá ainda ouvir algo do tipo: "Temos condições de lhe entregar o trabalho a um custo razoável". Na maioria das vezes, não há uma resposta direta para a pergunta.

Tenho testemunhado esse fenômeno com meus próprios associados quando faço uma pergunta rotineira: "Você acredita que devemos migrar para o programa SYZ?". Novamente, a pergunta requer uma simples resposta, sim ou não, e, se o indivíduo questionado assim o desejar, poderá então explicar o porquê da escolha. A explicação é opcional, pois eu não perguntei o porquê, apenas pedi um *sim* ou *não*. Mas, na maioria das vezes, recebo uma longa explicação sobre os benefícios do velho sistema em relação ao novo, mas nenhuma resposta direta à minha pergunta. O problema é que, quase sempre, as pessoas que procedem dessa maneira nem percebem que estão evitando tomar uma posição firme. Explicações são parte do processo, mas o mais importante é que você assuma o compromisso e responda à questão inicial feita por um executivo ou cliente extremamente focado e ocupado.

"Então, diga-me, Jane, de quantas horas você precisará para terminar o projeto?". Questões numéricas caminham de mãos dadas com o "fator dinheiro", pois requerem não apenas respostas precisas, mas estimativas que, por natureza, deixam espaço para erros.

"Bem, Ralph, pensei bastante a respeito desse assunto".

"Isso é bom" – eu penso. "Detestaria imaginar que você simplesmente tirou um número da cartola, como eu normalmente faço".

Jane continua: "Se pudermos fazer o cliente nos entregar o material de que precisamos na próxima semana, precisarei então escalar a equipe adequada para esse projeto e...", e a explanação continua. Além do medo do comprometimento que permeia o ambiente, a "dança" verbal continua porque é quase impossível prever corretamente quantas horas serão necessárias para realizar um trabalho em um projeto com centenas de variáveis incontroláveis. Ainda assim, os negócios exigem uma estimativa, mesmo que essa apresentação ocorra na primeira vez em que lidamos com esse cliente em particular e não estejamos familiarizados com a maneira como eles trabalham com seus fornecedores. Estamos fadados ao fracasso pela própria natureza da pergunta. Por isso, tememos respondê-la – a menos que tenhamos aprendido que é melhor ser ousado e decidido, uma vez que sabemos que as empresas precisam de estimativas para planejar o tempo dos projetos e alocar recursos adequadamente. É uma tarefa difícil, mas alguém tem de ser firme e fazer uma estimativa aceitável.

O que eu realmente quero ouvir de Jane é: "Considerando os fatos que temos no momento, estimo que levaremos cerca de 1.200 horas em um período de seis semanas para realizar esse projeto. Eis o motivo pelo qual acredito que levará esse tempo...". Entretanto, raramente as pessoas fornecem primeiro uma resposta numérica e depois a corroboram com fatos.

O FATOR ERRO **Ouça e escute. Preste atenção às pessoas, aos sinais, às palavras e ao ambiente ao seu redor para perceber que atitudes devem guiar sua resposta e seu comportamento.**

Responder a perguntas diretas é um desafio em toda empresa. Recentemente, participei de uma teleconferência com uma advogada, durante a qual discutimos um assunto jurídico complexo. (Deveria haver um lugar especial para os advogados no paraíso!) Depois de uma longa reunião, estávamos encerrando um assunto para o qual a advogada nos ofereceu duas opções. Eu perguntei a ela: "Se você estivesse em nosso lugar, que opção escolheria, A ou B?". Ela então nos forneceu uma longa explicação que tendia mais para a opção A, mas de modo algum respondeu diretamente à minha pergunta.

"Você não respondeu à minha pergunta", eu disse, tão educadamente quanto possível, sabendo de antemão que eu iria incluir essa mesma discussão em meu livro e que precisaria desesperadamente retratar a mim mesmo como uma pessoa que tem consideração pelos outros. "Você me recomendaria a opção A ou a B?". Dessa vez, a advogada respondeu com um discurso mais curto, resumindo em uma versão abreviada exatamente o que havia dito na longa explicação inicial, mas ainda não respondendo de maneira clara qual era sua recomendação.

Naquele momento, polidamente, repeti a pergunta pela terceira vez e recebi um resumo de dez segundos seguido de uma resposta específica: "Eu escolheria a opção A, se estivesse em sua posição". Exigiu coragem da parte dela e eu sei que a coloquei em uma situação bastante desconfortável ao lhe pedir que se comprometesse com a resposta. Isso a impediu de se eximir de sua responsabilidade ou de dizer: "Bem, eu nunca lhe disse especificamente que você deveria escolher a opção A". As pessoas simplesmente sentem-se mais seguras respaldando seus argumentos em generalizações vagas em vez de responder objetivamente. Reparei, inclusive, que após a concorrência entre agências em que não respondemos às perguntas diretamente, nós avançamos no hábito de não fornecer respostas de modo objetivo.

Mudanças são difíceis. O comprometimento é fortalecido pela ausência do medo de fracassar. Eu sei que é difícil quebrar hábitos de longa data – eu tenho vários que tento mudar todos os dias. Mudar os costumes exige autoconfiança e uma atitude corajosa no sentido de responder às questões diretamente. As pessoas, em especial os tomadores de decisão, valorizam a sua opinião e eles querem ouvi-la, ou simplesmente não perguntariam.

Como um líder, é minha responsabilidade demonstrar aos colaboradores corajosos o suficiente para se arriscarem a dar uma resposta direta que a empresa os apoiará em suas previsões – mesmo quando elas se comprovarem erradas. Sempre procuro recompensar aqueles que arriscam. Não era por acaso que na Ovation aqueles que mais se arriscavam e respondiam às perguntas diretamente eram também os mais bem-remunerados.

LIÇÕES DO CAPÍTULO 15

A OU B?

Primeiro, a resposta. Responda à pergunta imediata, depois forneça informações que corroborem sua resposta. (Esse é o estilo invertido de comunicação.) Se você oferece a informação solicitada antes, o ouvinte poderá se concentrar nas informações adicionais sem a interferência da frustração causada pela espera da resposta.

Esteja preparado. Se você está oferecendo a um cliente uma lista de opções, pese os prós e contras com antecedência, vá à reunião com uma recomendação clara para a solução ideal e esteja pronto para apresentar o racional que irá corroborá-la.

Use sua experiência. Quando perguntado sobre números ou datas, use sua própria experiência ou, até mesmo, a de outros colegas, para fornecer ao cliente a melhor estimativa possível com base em fatos conhecidos ou projetos semelhantes. Se necessário, inclua uma margem de erro ou um índice de confiabilidade para apoiar seus números quando os fatos são escassos ou passíveis de mudanças.

CAPÍTULO 16

CRIATIVIDADE ANAERÓBICA

Excelência é uma arte que se domina com treinamento e hábito. Não agimos corretamente porque temos virtude ou excelência. Pelo contrário, ostentamos tais características pelo fato de agirmos corretamente. Somos o que fazemos repetidas vezes. Excelência, portanto, não é um ato, mas um hábito.

– ARISTÓTELES

Acredito veementemente nos vários benefícios para a saúde obtidos pela prática de exercícios físicos. Também estou convencido de que os profissionais que se exercitam regularmente são, de fato, mais criativos que seus pares sedentários. Além disso, creio que pessoas que realizam atividades físicas regularmente são mais aptas a resolver problemas, mantêm-se mais calmas sob pressão, são mais felizes e contribuem para reduzir os custos de seguro-saúde. Elas são ainda mais bem-informadas, mais saudáveis e faltam bem menos ao trabalho que aquelas que não se exercitam. Tenho evidências estatísticas para muitas dessas crenças.

Na Ovation, construímos uma sala de ginástica de primeira classe e oferecemos aos nossos colaboradores participação gratuita em academias de ginástica em nossa cidade. Nós os encorajávamos ativamente a se exercitar antes ou depois do trabalho, no horário do almoço, ou quando pudessem reservar um horário em sua agenda particular. Tudo o que pedíamos em troca era um dia de trabalho honesto. Todos sabiam exatamente quando deveriam estar trabalhando e quando poderiam estar praticando suas atividades físicas.

Éramos bastante criativos ao instilar em nossos funcionários o desejo de adotar um estilo de vida ativo. Certa vez, pedimos a todos os profissionais da casa que estabelecessem um "objetivo ousado" que envolvesse algum tipo de desafio físico que eles nunca haviam realizado e que os levaria além de seu nível de conforto. Para os que eram fisicamente inativos, sugerimos que completassem uma caminhada de 5 km ou 10 km. Para os já ativos, eles próprios poderiam selecionar o desafio, como uma corrida de 10 km ou até mesmo uma maratona. Lembro-me de que um de nossos colaboradores fez um curso para tornar-se faixa preta em caratê. Duas colegas escolheram uma volta de bicicleta de 45 km, uma distância que nunca haviam pedalado antes. Para aqueles que completassem o seu objetivo ousado, pedíamos que escrevessem uma pequena história compartilhando a experiência com seus pares. Cada um então recebia 250 dólares em dinheiro para celebrar o sucesso.[1] Atraímos bastante atenção da mídia local e de todo o setor de publicidade em razão dessas políticas de saúde "inovadoras".

O FATOR ERRO

Nade contra a corrente. Se você estiver fazendo apenas o que todo mundo faz, estará perdendo oportunidades de errar e acertar. Seja único! Vá além e será mais bem-remunerado por seus serviços.

[1] Anos mais tarde, durante uma auditoria de rotina da Receita Federal, fomos obrigados a declarar os 250 dólares de incentivo como renda e pagar impostos sobre esse valor, o que eu e meus associados fizemos religiosamente. O governo norte-americano não oferece muito em matéria de incentivos que encorajam atividades saudáveis por parte dos funcionários das empresas. Imagine o impacto positivo que poderíamos ter sobre os custos da saúde se incentivos à atividade física fossem encorajados em vez de serem tributados.

Francamente, fico surpreso com a reação dos meus pares em relação aos meus esforços para garantir melhorias para minha força de trabalho. Em razão de um investimento financeiro relativamente pequeno que faço em prol da saúde e do bem-estar daqueles que trabalham duro para mim, sou visto por outros líderes na comunidade empresarial como um visionário pensador que exerce liderança em uma área na qual a maioria tem feito pouco.

Embora eu agradeça a atenção e as palavras carinhosas, creio que não mereço. Afinal, o que há de visionário em encontrar uma correlação direta entre o aumento da prática de exercícios físicos por um empregado e a dramática redução em dias de trabalho perdidos em virtude de doença? Quase diariamente somos expostos a estudos que confirmam os benefícios do exercício físico. O que há de visionário em testemunhar que colegas que se exercitam regularmente suportam melhor as imensas pressões diárias infligidas sobre o seu bem-estar físico e mental e apresentam um desempenho profissional próximo à perfeição? O que há de visionário em perguntar a um associado estressado quando foi a última vez que ele se exercitou e ouvi-lo dizer que, infelizmente, não teve tempo de se exercitar nos últimos meses?

Não me considero um visionário em relação aos exercícios físicos. Sou apenas um capitalista "crônico" interessado em lucrar o máximo possível! A correlação entre colaboradores saudáveis e exercícios físicos é direta e conclusiva. Qualquer empresário perderá uma oportunidade excelente se não reconhecer os ganhos que a empresa poderá obter ao proporcionar aos seus funcionários as condições certas e os incentivos adequados para que eles adotem exercícios físicos como um hábito!

O mais estranho para mim é o fato de bastar ler os jornais regularmente para encontrarmos, pelo menos uma vez por semana, uma história que nos fornece evidências científicas sobre os benefícios do exercício físico. Somente nos últimos anos os capitães da indústria vêm fazendo a correlação entre os benefícios do exercício físico e a força de trabalho.

Desde os anos 1980, venho encorajando colegas a se exercitarem – e investindo recursos da empresa na saúde da força de trabalho. Talvez seja necessário um líder que tenha pessoalmente experimentado os benefícios do exercício para entender melhor os enormes ganhos que essa prática pode proporcionar aos funcionários. Lamentavelmente, como acontece na maioria das empresas dos Estados Unidos, muitos líderes são sedentários e obesos. Assim, eles não compreendem como o exercício é capaz de revigorar e manter a força de trabalho saudável, aumentando incrivelmente a criatividade da equipe e o sucesso da empresa.

LIÇÕES DO CAPÍTULO 16

VAMOS NOS EXERCITAR!

Mexa-se. Criar um local em sua empresa para aliviar o estresse é o melhor investimento que um líder pode fazer. Adote um programa de sucesso como o que mencionei ou invente um você mesmo. No verão e na primavera, passo a maior parte dos finais de semana andando de bicicleta, mas sou uma "aberração"; não é necessário exagerar com exercícios. Estudos provam que tudo de que precisamos para obter grandes benefícios é fazer que as pessoas elevem seu batimento cardíaco por trinta minutos, cinco vezes por semana. E você não precisará gastar muito para começar.

Nunca subestime o poder de uma camiseta grátis. As pessoas fazem de tudo para conseguir uma camiseta grátis. E não tenha medo de contar para a mídia o que você fez. Editores especializados em saúde e eventos voltados para essa área adoram esse tipo de história. Sua empresa se tornará destaque em sua comunidade como uma organização que prioriza a saúde. Essa é uma reputação valiosa para quando você precisar contratar uma recepcionista ou ligar para um cliente em potencial. Além disso, a mídia voltará a assediá-lo sempre que houver um assunto sobre saúde no noticiário, e, assim, você passará a ser um líder benevolente que se preocupa com a força de trabalho de sua empresa e lhe oferece incríveis benefícios. E tudo o que lhe custou foi uma camiseta. (Na realidade, não é bem assim. Você também precisará disponibilizar uma área para que seus funcionários tomem um banho depois do exercício. Na Ovation, inicialmente começamos com um chuveiro, depois percebemos que era pouco para uma equipe de quarenta pessoas que se exercitava durante a hora do almoço, então acabamos disponibilizando mais unidades. Ainda assim era um preço baixo a ser pago pela saúde.)

CAPÍTULO 17
APERFEIÇOAMENTO CONTÍNUO

Algo está errado se os seus colaboradores olham para os lados todos os dias, encontram coisas que consideram chatas e lhes causam tédio, e não tentam redefinir as regras. Até mesmo o manual do mês passado já deveria estar ultrapassado.

– Taiichi Ohno, responsável pelo Sistema de Produção da Toyota

Acredito no conceito de autoimposição e no aperfeiçoamento contínuo; em implementar mudanças e sempre procurar uma maneira melhor de trabalhar. Considero inconcebível que uma empresa não procure aprimorar seus métodos, ser mais rápida e eficiente. Entretanto, também penso que, às vezes, há limites para o aperfeiçoamento contínuo. Nesse caso, é preciso "detonar" a estrutura e começar tudo novamente da estaca zero.

Há, porém, uma ressalva ao constante aprimoramento. Ela diz respeito a ocasiões em que se têm funcionários extremamente dedicados e conscienciosos que, ao realizarem uma tarefa, acreditam piamente terem oferecido o melhor de si e se entregado de corpo e alma para que tudo saísse corretamente já da primeira vez. Nesse caso, eles poderão se sentir perturbados e desconcertados caso você diga a eles que tem de haver uma maneira melhor de se fazer o que eles acabaram de realizar. Isso poderia significar, para eles, que fizeram algo errado. O problema surge quando você tem um funcionário que não gosta de analisar e discutir erros. Geralmente, como já abordamos neste livro, são funcionários que foram verbal ou fisicamente admoestados quando cometeram erros ainda na infância. Pedir a eles que melhorem o trabalho que fizeram significa que falharam de algum modo – ou que deveriam ter feito direito da primeira vez, pois, se tivessem, não haveria necessidade de aperfeiçoamento.

Se existe alguém assim em sua organização, família ou em seu círculo íntimo de amigos, sua tarefa será árdua, mas não impossível.

Primeiramente, é importante estabelecer que tanto em sua organização quanto em sua casa cometer erros é algo aceitável. Como já disse anteriormente, será preciso repetir isso de modo incansável, pois você terá de superar anos de uma programação nociva feita por professores, pela família ou por amigos, que ensinaram ao indivíduo que erros são ruins, que não devem ser discutidos e que se os cometermos, eles somente poderão ser discretamente sussurrados a portas fechadas, jamais na presença de outros.

Em segundo lugar, é importante valorizar o conceito de contínuo aperfeiçoamento. Sempre pergunte: "Como podemos melhorar esse produto ou essa apresentação?". Vamos analisá-lo por outros ângulos e discutir como podemos aprimorá-lo ainda mais. Ouça atentamente e mantenha sua mente aberta, mesmo que você tenha participado do time de criação ou se entregado de corpo e alma à criação do conceito original. Tudo o que fazemos deve evoluir e mudar, e continuar a ser feito sempre melhor. Você precisa acreditar nisso.

É verdade que muitas vezes a mensagem encontrará ouvidos moucos. Há sempre alguém que não entende; não importa o que você diga, ele sempre interpretará suas críticas construtivas para que ele aprimore o seu trabalho como um fracasso pessoal. Veja como eu abordei uma valiosa colega de trabalho que era supersensível à mais leve sugestão de que o trabalho que ela havia entregue poderia ter sido feito melhor.

O FATOR ERRO

Ajude seus colegas e amigos a abraçar o conceito de erro. Não estamos sozinhos nesse mundo. Estender a mão é um ato nobre. Não estamos falando de sofrimento, mas de aprendizado. Que atitudes você pode tomar no sentido de apoiar outras pessoas quando elas erram, de ajudá-las a seguir em frente e de encorajá-las a alcançar cada vez mais sucesso por meio do aprendizado obtido com os seus próprios erros?

Eu sabia que aquela jovem fora severamente repreendida quando criança sempre que cometia um erro; então, fui até a sala dela (a maioria das pessoas prefere a familiaridade do seu próprio espaço quando seu chefe está prestes a iniciar uma conversa franca e direta) e lhe disse que acreditava que ela e eu havíamos enfrentado experiências bastante diferentes enquanto crescíamos.

Expliquei a ela que, quando eu estava no colégio, tive um treinador de futebol americano que foi um dos meus melhores professores. Ele acreditava piamente em analisar, dissecar e discutir publicamente nossos erros. O treinador filmava nossos jogos e, no dia seguinte a cada partida, o time inteiro se reunia para assistir ao vídeo. Nosso treinador passava o filme jogada por jogada, às vezes em câmera lenta, para frente e para trás, mostrando quando havíamos acertado na técnica ou errado. Era uma tremenda experiência de aprendizado assistir, em câmera lenta, e ver que se tivéssemos dado um passo na direção oposta poderíamos ter avançado um ou mais metros na jogada, ou, talvez, nos desvencilhado do adversário e corrido para o gol. Fazíamos isso com tanta frequência que se tornou uma experiência que todos nós passamos a apreciar e até mesmo desejar. Os erros que cometíamos tornaram-se motivo para comemoração, pois a experiência de aprendizado era muito benéfica. Agora tínhamos o conhecimento de como agir corretamente e mal podíamos esperar pelo próximo jogo. Houve um ano em que o nosso time não enfrentou uma única derrota (aquela fora a única vez em uma longa carreira atlética em que a perfeição fora atingida!).

Continuei então a dizer à minha funcionária que eu acreditava que sua experiência quando criança tivesse sido bem diferente. Expliquei-lhe que me sentia plenamente confortável em tentar aperfeiçoar nosso trabalho continuamente porque minhas experiências de infância, em particular com o meu treinador de futebol, haviam me demonstrado os benefícios dessa técnica. Ela confessou que sua experiência fora exatamente oposta, pois seus pais eram bastante enérgicos com ela sempre que errava, a ponto de chamá-la de burra. Depois daquele diálogo, jamais tivemos problemas para discutir como aperfeiçoar o trabalho. Aliás, continuamos a trabalhar juntos por mais de vinte anos. Ela tinha uma facilidade incomum para encampar mudanças rapidamente, fato que destoava da maioria das pessoas que, em geral, não é capaz de mudar sua percepção de autoaperfeiçoamento com tanta facilidade.

Quando possível, e com prévia autorização, é útil gravar apresentações de negócios e analisá-las posteriormente, na tentativa de discernir o que foi feito certo e o que foi feito errado, e, desse modo, definir o que poderá ser aprimorado da próxima vez. O processo tem de ser amigável e visar ao caminho para o aperfeiçoamento. Você precisa deixar claro, desde o início, que é preciso ter muita coragem para postar-se diante de uma plateia de estranhos ostentando informações relativamente mínimas sobre a empresa que eles representam e conhecem tão bem (o potencial cliente) e dizer a eles como você poderia lhes fornecer assessoria nos próximos cinco ou dez anos. Estabeleça que sua equipe é vencedora simplesmente por ter a bravura de se levantar e se pronunciar diante desse tipo de público, afinal, é relativamente fácil sentar-se no conforto de sua poltrona em uma sala de reuniões e, sem pressão, discutir como a apresentação poderia ter sido melhor. Em contrapartida, é extremamente difícil ficar na linha de fogo diante de grandes grupos e desempenhar bem seu papel. É claro que, posteriormente, com o benefício do tempo e sem pressão, o funcionário poderá adquirir muitos conhecimentos para melhorar o seu modo de jogar e aprimorar futuras apresentações, e é precisamente essa uma das muitas razões pela qual a análise e as críticas são tão incrivelmente valiosas. Seria tolo não analisar e se beneficiar da experiência de aprendizado que tais situações proporcionam. Contudo, é preciso dar uma folga a essas pessoas que se colocam na linha de fogo. De maneira alguma a análise deve ser usada para criticá-las por não terem encontrado a palavra ideal ou não terem fornecido ao cliente a resposta perfeita. A única exceção a essa regra seria se elas não houvessem se preparado adequadamente para a apresentação. Porém, se elas se empenharam devidamente, mas, mesmo assim, cometeram erros, você deverá cumprimentá-las pelo esforço e pela coragem em analisá-los. Esses são dois traços admiráveis pelos quais elas deveriam ser elogiadas, e não ridicularizadas pelos tropeços.

Infelizmente, as pessoas que se recusam a tentar se aperfeiçoar vivem a vida de maneira medíocre. Nunca obterão "a nota máxima" porque estão aterrorizadas com a ideia de realizar uma autoanálise. Se elas exercerem cargos de liderança em sua organização, não permitirão que sua empresa cresça e melhore, pois têm medo de discutir as próprias limitações, aceitar seus erros, aprender a corrigi-los e seguir em frente mais fortes por terem feito uma autoanálise e celebrado seus fracassos ou repetido seus sucessos.

Ao longo dos anos, tive atritos com pessoas tanto em minha vida pessoal quanto profissional a respeito desse assunto. Não são todos que compartilham do meu entusiasmo pela autoanálise e pelo autoaperfeiçoamento. Olhando para trás, isso tem sido uma influência tão positiva em minha vida que tenho até dificuldades em entender quando os outros não abraçam a minha experiência. Como disse George Santayana: "Aqueles que não se lembram do passado estão condenados a repeti-lo".

LIÇÕES DO CAPÍTULO 17

CADA PASSO O LEVA PARA MAIS PERTO DO SUCESSO OU DO FRACASSO

Pequenas celebrações. O progresso deveria ser celebrado como uma realização significativa. Se você está empenhado em um grande objetivo, cumprimente a si mesmo e os demais membros de sua equipe. Independentemente de você vencer ou fracassar, suas conquistas e realizações merecem reconhecimento e elogios.

Após a conclusão do projeto. Criticar suas ações depois que o projeto terminou é uma boa maneira de melhorar os resultados. Pode ser bastante motivador para a equipe saber que uma experiência aquém do ideal não será repetida. Garanta que os novos procedimentos ou planos sejam documentados de imediato a fim de obter o máximo benefício desse processo.

O que você poderia fazer melhor? Há aspectos do seu próprio desempenho em que você aceita resultados inferiores àqueles que sabe ser capaz de alcançar? Com conscientização e prática, é plenamente possível desenvolver grande *expertise* e atingir níveis de desempenho mais elevados em sua vida. Não é preciso ser bom em tudo, apenas explorar o seu potencial.

CAPÍTULO 18

PERDENDO O CONTROLE

Se tudo parece realmente sob controle, é porque você não está caminhando suficientemente rápido.

– MARIO ANDRETTI

Costumo participar de longos passeios de bicicleta com um grupo de ciclistas. É interessante observar as negociações que acontecem quando nos encontramos para discutir a escolha da rota do dia. Geralmente, a equipe conta com um ou dois médicos que estão de plantão e precisam ficar perto de casa e fazer a rota que fazemos usualmente. Há também alguns ciclistas cujas esposas não gostam que eles se ausentem de casa por mais de uma hora, portanto eles, em geral, formam um grupo com os médicos. Contudo, há outros que, como eu, se cansam das mesmas estradas e querem ir mais longe para explorar rotas desconhecidas, o que exige que todos pedalem além de suas zonas de conforto. Há algo interessante sobre pedalar ou correr em uma área onde você nunca esteve antes, algo que expande a mente e desperta os sentidos. Mas, no final, todos os ciclistas desse outro grupo querem isto: controle. Nesse caso, eles estão simplesmente tentando controlar onde passarão as próximas duas ou três horas.

Muitas pessoas se sentem desconfortáveis quando não sabem quão longe irão, que rotas seguirão ou quando estarão de volta à casa. Entregar mesmo que parcialmente o seu destino nas mãos de outras pessoas pode ser uma experiência relativamente traumática para muitas pessoas, pois, quando elas abrem mão do controle, podem se mostrar irritadas com os líderes do grupo.

Essas questões de controle também são evidentes em nosso ambiente de trabalho. As pessoas querem saber para onde a empresa caminha e como pretende chegar lá. Também desejam estar informadas quanto ao papel que desempenharão dentro dela para ajudá-la a atingir o seu objetivo. É por isso que empresas que estabelecem objetivos tanto para si mesmas quanto para seus empregados são mais bem-sucedidas; elas proporcionam uma medida de controle para todos os envolvidos no processo. Eles pensam: "Entendi: é para lá que a empresa vai e isso é o que tenho de fazer para colaborar". Isso inibe o medo do desconhecido e proporciona uma sensação de controle.

Controle é um assunto tão importante que pode exercer um impacto negativo na saúde e no bem-estar do indivíduo. Um estudo publicado no The Lancet, um jornal médico britânico, revelou que aqueles que têm pouco controle sobre suas responsabilidades no trabalho ostentam 50% mais chance de desenvolver problemas coronários. O estudo explicou que, quando perdemos o controle, nosso corpo produz elevados níveis de fibrinogênio, uma proteína que conecta as células sanguíneas, formando coágulos, o que, por sua vez, aumenta o risco de ataques cardíacos. Ceder às nossas equipes de trabalho ou aos nossos empregados o controle sobre seus próprios destinos poderá, portanto, efetivamente contribuir para uma redução no risco de ataques do coração e de outras doenças relacionadas ao estresse entre eles. O corpo humano é uma máquina incrível desde que cuidemos bem dele.

Entretanto, a saúde é apenas a ponta do *iceberg*. Realizar algo grandioso geralmente requer que um líder dê um passo à frente e lidere sua tropa no campo de batalha (empresarial). Invariavelmente, existem inúmeros caminhos que se podem seguir para alcançar sucesso em situações conflituosas. Se eu ditar o plano de batalha, ele se tornará o "meu" plano; sendo assim, aqueles que trabalham comigo terão pouco ou nenhum controle sobre ele e, por conseguinte, nenhuma responsabilidade. Em contrapartida, se eu conseguir transmitir a todos da equipe uma visão geral sobre aonde queremos chegar e o que deveremos fazer para chegar lá, e, ao mesmo tempo, for capaz de envolvê-los no planejamento a fim de que possam ter algum controle sobre a situação, as chances de sucesso aumentarão consideravelmente, pois eles também se sentirão responsáveis pelo sucesso do projeto.

Agências de publicidade são notórias por apresentarem um horário de trabalho nada convencional. Na Ovation, nós tentamos transformar isso a nosso favor, permitindo que os nossos colaboradores tivessem controle sobre seus próprios destinos. Criar catálogos e sites geralmente exige períodos de grande esforço seguidos por outros de relativa ociosidade. A maioria das agências tem um departamento de tráfego que monta a agenda de todo o trabalho e a circula pela empresa. Contudo, nós não possuíamos esse departamento; nossas agendas eram feitas com base na colaboração entre os departamentos de criação e o departamento de gerenciamento de contas. Os envolvidos discutiam e chegavam a um acordo quanto à programação e alocação das tarefas antes de se começar um projeto; assim, cada área tinha participação e controle sobre o cronograma. Por exemplo, na fase de produção de um catálogo ou site, todos desejam ter tempo suficiente para poder empenhar seus melhores esforços no processo. Aqueles que cuidam do setor de vendas de mercadorias precisam explorar vários mercados para saber quais são as últimas inovações e, então, têm de esperar até o último minuto para escolher e mandar fabricar o produto escolhido. O pessoal da criação necessita de tempo suficiente para escrever seus textos, fotocopiá-los, fotografar produtos e desenhar *layouts*. Nossos especialistas em cores querem ter certeza de que as cores conferem para que "aquilo que você vê seja, de fato, o que irá receber posteriormente", evitando assim devoluções. Os técnicos de impressão e os programadores precisam de tempo suficiente para executar corretamente o trabalho de todos os demais departamentos e para enviar o catálogo pelo correio ou disponibilizar o site na internet.

Os prazos são fundamentais para o sucesso do cliente, pois sua geração de receitas depende basicamente da nossa capacidade de entregar o trabalho no tempo determinado. É por essa razão que sempre tratamos essa questão com absoluta reverência. Reconheço que nosso pessoal trabalhava nos finais de semana e, em casos extremos, avançavam noite adentro para entregar determinados projetos no prazo, mas, na maioria das vezes, eles conseguiam cumprir suas obrigações durante o expediente normal. Se eles precisavam trabalhar nos finais de semana, essa decisão cabia a eles, não a mim. Eles detinham o controle sobre sua própria agenda, portanto, não precisariam receber uma ordem de seus superiores – nem de mim. Não havia surpresas nem danos ao coração, o que era o mais importante!

O FATOR ERRO

Divida o controle. A responsabilidade de todos pela execução e entrega do trabalho aumenta quando cada um tem uma participação na elaboração do plano.

Quando nos reunimos para aqueles longos passeios de bicicleta e começam as negociações sobre que rota seguir, costumo realizar um jogo mental interno e me isentar do processo grupal de tomada de decisão. Desse modo, aceito de bom grado o que for estabelecido pelo grupo. O ato de me eximir da negociação me fornece uma bela visão do processo. E, assim como G. Gordon Liddy,* que dormia em árvores

* Chefe da equipe de bombeiros da Casa Branca, durante a administração do ex--presidente norte-americano Richard Nixon. (N.E.)

para controlar o seu medo de altura, faço isso para me lembrar que, embora o fato de não ter o controle seja ligeiramente desconfortável, como um líder, preciso me empenhar bastante para cedê-lo àqueles que trabalham comigo. Manter o controle desnecessário é algo fácil de fazer quando se é um líder, pois lhe garante uma falsa sensação de poder sobre os outros. Contudo, isso é abusivo. É difícil convencer um líder supercontrolador a soltar um pouco as rédeas; porém, o fato é que quanto mais poder e controle um líder cede aos seus colaboradores, mais o mantêm para si mesmo, pois os que estão ao seu redor se tornam leais e passam a apreciá-lo por sua liderança conscienciosa.

LIÇÕES DO CAPÍTULO 18

SOLTE AS AMARRAS!

- Você lidera com punhos de aço ou luvas de veludo? Há momentos em sua vida pessoal ou profissional em que você exerce controle rígido sobre a situação? Como se sentiria dividindo ou cedendo o controle? Lembre-se: esse pode ser um exercício que, ao mesmo tempo, liberta e empolga todos os envolvidos.
- Como o excesso de controle ou a falta dele influencia o seu papel como líder ou parceiro?
- Você encara o controle como uma maneira que evite erros?
- O seu controle impede que as pessoas desempenhem suas funções eficientemente?
- O seu controle excessivo tira dos outros a responsabilidade que também lhes caberia em relação ao resultado?

CAPÍTULO 19

MAIS VALIOSO QUE DINHEIRO

Líderes não criam seguidores, mas dão origem a novos líderes. – TOM PETERS

No início de minha carreira, li uma pesquisa que dizia que a primeira coisa que os empregados procuram no local de trabalho é uma chance de aprender e crescer. O aprendizado e o crescimento apareciam antes de dinheiro, seguro-saúde, ambiente de trabalho, férias, participação nos lucros ou qualquer outro benefício que se possa imaginar. Eu me lembro que, como um jovem gerente, me surpreendi com o fato de o dinheiro não ocupar o primeiro lugar. Eu não era apenas jovem, mas também ingênuo. Do ponto de vista de gestão de negócios, parecia muito bom para ser verdade: quanto mais oportunidades de aprendizado e crescimento oferecêssemos aos empregados, mais satisfeitos eles ficariam e, assim, se tornariam mais leais e valiosos para a empresa e os clientes. Aquele era o tipo de situação que garantia que somente haveria vencedores!

Particularmente, valorizo bastante as oportunidades de aprender e crescer. Um dos meus recursos favoritos para alcançar tal desenvolvimento pessoal e profissional tem sido a leitura de livros de negócios. Os livros sempre proporcionaram oportunidades ilimitadas de aprendizado por meio das experiências de sucesso e dos fracassos dos outros; portanto, presentear um colaborador com um belo livro desse tipo é o melhor investimento que um empresário poderia fazer. Sempre opto por literatura empresarial quando alguém se mostra interessado. Essas obras estão repletas de histórias sobre indivíduos que tentaram, falharam e, no final, alcançaram o sucesso. Essas pessoas desejam compartilhar suas experiências com seus colegas de trabalho pelo custo nominal de um livro, a fim de que eles se beneficiem sem ter de enfrentar derrotas desnecessárias. Este, aliás, é justamente o caso deste livro.

De tempos em tempos, quando um livro causava impacto significativo na cultura da Ovation, nós trazíamos o autor até La Crosse, Wisconsin, para que passasse um dia conosco. Tom Peters foi o primeiro autor a nos privilegiar com sua presença. Na época, abraçamos sua rígida filosofia pessoal de gestão de negócios, a qual perdurou anos depois de sua visita.

Joyce Wycoff, autora de *Mindmapping: your personal guide to exploring creativity and problem-solving* [Mapa mental: seu guia pessoal para explorar a criatividade e a solução de problemas], veio até nossa empresa e compartilhou com nossa equipe seu estilo único de visualização do quadro global da organização e de registro cuidadoso de informações, técnicas que utilizo até hoje.

Ed Burnett, Joan Throckmorton* e Katie Muldoon foram outros autores com *expertise* em publicidade que compartiram seu tempo e sabedoria conosco.

James Autry, autor do meu livro de negócios preferido, *Love and profit* [Amor e lucro], nos visitou como resultado de uma parceria com o distrito regional de escolas públicas. Tudo começou com uma grande discussão que tive com o superintendente da escola em que minha filha estudava. Na época, a instituição insistia em não mudar uma de

---

* Respectivamente, esses autores são conhecidos no Brasil por suas obras: *Eclipse Ide: guia de bolso* (Artmed, 2006) e *Propaganda e resposta direta* (Makron, 1995). (N.E.)

suas políticas, que, em minha opinião, deveria ser alterada. Eu então lhe enviei uma cópia do livro *Love and profit* e uma carta em que lhe dizia que todos naquela escola precisavam ler a obra, se adaptar e mudar. Posteriormente, ele me ligou rindo e disse que, ao longo dos anos, ele também enviara cópias do livro de James Autry para cerca de meia dúzia de pessoas, acompanhados de uma carta parecida com a minha. Ele também era fã incondicional daquele autor. Isso abriu a porta para uma bela amizade que acabou trazendo James Autry para La Crosse. Redefinimos o conceito de "aliança peculiar" quando o distrito regional de escolas públicas começou a trabalhar com nossa agência de publicidade. Esse é um grande exemplo de como uma parceria com outra empresa ou organização em sua comunidade pode ajudar a reduzir os custos associados de se trazer um autor para palestrar em seu local de trabalho.

Compramos para cada funcionário em nossa empresa um exemplar do best-seller *Mastering the complex sale* [Tornando-se um especialista em vendas complexas], de Jeff Thull. As pessoas começaram a citar o livro pela empresa, como se fosse uma Bíblia. As lições do livro permearam nossa organização, mudando completamente a maneira como abordávamos a comercialização de nossos serviços. Novamente fizemos um investimento em educação e trouxemos o autor para trabalhar conosco e nos ajudar a entender melhor o conteúdo de sua obra. A presença

O FATOR ERRO

Aprenda com os outros. Se eles tentaram e erraram – aprenderam como alcançar a vitória –, compreenda as lições que eles têm para lhe ensinar. Pode não ser tão memorável quanto viver um erro e superá-lo, mas certamente será menos doloroso e mais barato.

e o conhecimento do autor aceleraram o processo de aprendizado na empresa. De fato, é excitante engajar um escritor cuja perspectiva seja nova em uma discussão sobre os seus próprios desafios empresariais. Oferecer aos empregados a oportunidade de estudar diretamente com um profissional respeitado, a partir de um livro que está entre os mais vendidos do país, contribui para o aprendizado e crescimento de toda a equipe de uma maneira única e intensa. Além disso, esse tipo de atitude transmite aos colaboradores a mensagem clara de que a empresa quer investir no desenvolvimento pessoal e na carreira de todos.

LIÇÕES DO CAPÍTULO 19

AS LIÇÕES QUE APRENDEMOS COM OS OUTROS

Você leu um bom livro recentemente? Ao longo dos anos, já li muitas obras que me impressionaram tanto que imediatamente adquiri exemplares para todos os meus colaboradores. Considero este um pequeno investimento em prol da cultura empresarial. Antigamente, costumava fazê-lo com mais frequência, mas agora que a maioria das pessoas usa o seu tempo para ler diretamente na internet, acabo enviando aos meus pares e associados boletins de negócios, estudos e outros conteúdos interessantes por e-mail.

Pesquise na internet e mantenha-se na vanguarda. Todo mundo sabe que a internet é uma grande fonte de informação, desde sites oficiais até blogs de opinião. Você poderá economizar tempo e dinheiro usando a internet para encontrar valiosos estudos de caso, comentários de consumidores, dados sobre empresas e outros tipos de informação. Essa é também uma excelente maneira de aprender sobre outras culturas, segmentos de consumo e setores quando se está pesquisando um mercado específico para compreender melhor os assuntos relevantes no momento.

Treinamento multifuncional. O aprendizado de novas competências empresariais ou maneiras de pensar não precisa necessariamente vir de um *expert* externo à empresa. Dar aos seus empregados a oportunidade de aprender outras funções dentro da organização pode melhorar a flexibilidade, elevar o nível de satisfação no emprego e prolongar a longevidade da empresa. Ensinar o que você faz aos seus associados melhora a sua compreensão sobre o seu próprio trabalho. Aprender o que os outros fazem gera maior compreensão e melhor apreciação da contribuição de cada indivíduo para a organização como um todo. Aqueles que estão prontos para um novo desafio e gostam do que aprendem sobre o trabalho dos outros talvez possam até mudar de carreira dentro da empresa em vez de procurar outro emprego.

CAPÍTULO 20

INVESTINDO EM PESSOAS: O ROI DO RH

Se quiser construir um navio, não reúna pessoas para encontrar madeira nem lhes ofereça apenas tarefas e trabalho. Em vez disso, ensine-as a desejar o mar.

– Antoine de Saint-Exupery

Sempre fico abismado ao observar como as oportunidades de aprendizado e ensinamento se apresentam a nós nos aspectos mais comuns do nosso dia a dia. Uma das oportunidades mais frutíferas está nas "questões que necessitam de respostas urgentes" e que, em geral, as pessoas frequentemente consideram mais difíceis de perguntar aos nossos líderes. Encorajar seus colaboradores a fazer perguntas pode se revelar um grande negócio. Ao fazê-lo, descobrimos ideias equivocadas sobre liderança e, consequentemente, propiciamos ao grupo uma discussão mais profunda sobre tais aspectos e, ao mesmo tempo, uma melhor compreensão da situação.

Certa vez, um dos meus colaboradores me perguntou por que eu gastaria dinheiro para trazer um consultor até a empresa em vez de usar os mesmos fundos para aumentar o salário dos funcionários, grupo no qual ele certamente se incluía. Nesse caso em particular, o consultor contratado seria Toni Louw, um profissional que ajuda empresas a aprimorar suas técnicas de apresentação. Toni é uma das maiores autoridades dos Estados Unidos na área de vendas criativas. É fantástico vê-lo em ação. Contudo, aquele funcionário considerou que, de algum modo, seu próprio valor fora diminuído pelo fato de eu sentir a necessidade de gastar dinheiro com um consultor para desenvolver ainda mais suas competências.

Na verdade, nada poderia estar mais longe da verdade. Decisões sobre como gastar o capital da empresa nunca devem ser tomadas considerando-se "dinheiro gasto" *versus* "salário dos funcionários". No fundo, sendo um homem de negócios, certamente estou ciente de que quando alocamos 15 mil dólares para pagar um consultor, esse montante não será disponibilizado para salários – inclusive o meu – ou para quaisquer outras despesas. Mas isso não representa mais do que um *blip* na tela de um radar quando se precisa decidir sobre investimentos em equipamentos, treinamento ou em pessoas.

Eis aqui um raciocínio ainda mais revelador! Se investirmos 15 mil dólares em um consultor para que ele compartilhe conosco sua *expertise*, será que ele conseguirá aumentar suficientemente o nível de competências e o desempenho dos funcionários para que isso gere uma contribuição financeira significativa para a empresa? Será que esse investimento em treinamento e educação pagará a si mesmo e gerará receita para a empresa no futuro? O fato é que a próxima conta que celebrarmos poderá ter sido assinada em razão de alguma sugestão ou direcionamento oferecido pelo consultor naquela sessão de treinamento que custou 15 mil dólares. Portanto, se ele representar uma pequena margem de diferença que nos permita ganhar uma conta de 1 milhão de dólares que permaneça conosco por três anos, o seminário de 15 mil dólares terá sido um excelente investimento.

É possível que um consultor eleve o nível de nosso trabalho e induza determinado cliente a assinar conosco um contrato de longo prazo. Talvez, depois de uma excelente apresentação, um de nossos clientes diga: "Sabe, estávamos pensando em dar um segundo projeto para uma empresa diferente, mas decidimos oferecê-lo a vocês depois dessa ótima apresentação". Mais uma vez, o investimento de 15 mil dólares em *a*terá valido a pena.

Quando se consegue investir 15 mil dólares e aprimorar consideravelmente o desempenho das pessoas, até mesmo uma pequena melhora da contribuição individual fará o investimento valer a pena. Se aperfeiçoarmos consideravelmente a maneira como nos comunicamos com clientes ou mantivermos um único cliente por mais um ano, então o investimento também terá proporcionado bons resultados.

O FATOR ERRO

Liberte-se do estresse do erro. Liberte seu corpo e o estresse mental desaparecerá. Aborde o erro como um exercício de treinamento para o sucesso. Talvez você não termine uma maratona no tempo que esperava na primeira vez em que tentar, porém, com o tempo, o treinamento e a sabedoria, aliados à força e à experiência adquiridas com o erro, farão você terminá-la de maneira vitoriosa.

Há ainda outro valor agregado ao investimento em educação que não pode ser desprezado. Depois de completar sua educação, o indivíduo torna-se mais valioso para a empresa e desenvolve seu potencial ao longo de sua carreira. Ele terá adquirido as competências para ser mais bem-sucedido e, sem dúvida, passará a ganhar mais pelo resto da vida, quer ele continue trabalhando para mim ou busque outra oportunidade. Esse tipo de investimento em pessoas deveria ser seriamente considerado quando ele procurar e/ou escolher outro emprego.

Na verdade, aplico esse mesmo processo mental quando faço compras para a empresa. Os equipamentos de ginástica são um excelente exemplo. Se um funcionário começa a se exercitar regularmente porque adquirimos uma esteira de 2 mil dólares e se torna mais saudável, evita doenças e perde menos dias de trabalho, o investimento terá valido a pena. Em contrapartida, o indivíduo que se exercitar e se mantiver saudável não correrá tantos riscos de contrair doenças e transmiti-las para os demais colegas no local de trabalho.

LIÇÕES DO CAPÍTULO 20

SEMPRE CALCULE O RETORNO

Qual é o ROI? Na Ovation, rotineiramente fornecíamos aos nossos clientes um demonstrativo detalhado do retorno sobre o investimento pelos serviços que prestávamos. O ROI desencadeia uma série de eventos positivos. Se eu apresento a uma empresa uma proposta especificando qual será o custo para a montagem de um banco de dados com seus melhores clientes e para engajá-los em uma discussão sobre como os produtos ou serviços fornecidos resolvem seus problemas como compradores, isso requer que eu tenha uma profunda compreensão de como a organização comercializa seus produtos, de como as minhas ações beneficiarão a empresa e de quando a organização terá lucros como resultado do meu trabalho. Do contrário, por que uma empresa haveria de considerar a minha proposta?

É semelhante com o que ocorre em nossa família, quando investimos em seu crescimento pessoal e em sua educação. Esforçar-se para promover o desenvolvimento profissional e garantir a saúde de nossos colaboradores faz sentido do ponto de vista empresarial. Não se trata apenas de ser o melhor a fazer, mas também de um investimento brilhante no futuro dessas pessoas, que será compensador para ambas as partes por muito tempo. Nós sabemos disso, mas será que eles sabem? A julgar pela pergunta que me foi feita sobre o valor a ser pago pelos serviços do consultor, mencionada no início deste capítulo, creio que não. O empregado deve estar pensando consigo mesmo: "Lá vai ele novamente gastar o dinheiro que ganhamos para a empresa com tanto esforço, quando poderia estar investindo no aumento do nosso salário".

A lição que eu gostaria que meus colaboradores aprendessem sobre a decisão de contratar um consultor é que investimos na educação deles porque eles nos são muito valiosos e queremos que continuem desse modo. Uma empresa boa e transparente compartilha com os funcionários e clientes o pensamento que permeia os números de ROI.

Gosto que as pessoas que trabalham comigo me façam perguntas difíceis porque essas são exatamente as questões mais importantes a serem respondidas. Encoraje as pessoas que prestam serviços a você a questioná-lo e, então, responda a todas as perguntas difíceis. Esteja certo de que boas coisas acontecerão para a sua empresa e também para sua força de trabalho.

CAPÍTULO 21

DEIXE-ME AJUDÁ-LO A ENCONTRAR UM NOVO EMPREGO

Revelar seus sonhos para alguém requer muita coragem. — ERMA BOMBECK

Durante os 31 anos de história de minha agência de publicidade, tivemos uma taxa de rotatividade baixa. Acredito que um dos principais fatores que contribuíram para isso tenha sido nossa filosofia de comunicação aberta e sincera, a ponto de ajudarmos nossos associados a encontrar um novo emprego quando o que possuía conosco já não era o ideal ou quando eles desejavam buscar novas oportunidades.

Para explicar melhor nossa filosofia, gostaria de citar um enunciado contido no manual de RH da agência:

> *Se você decidir deixar a* Ovation *em razão de outro emprego ou por qualquer outro motivo (avanço na carreira, remuneração mais alta, outra região de trabalho, novos desafios, estresse, tédio etc.), por favor, sinta-se à vontade para conversar com seu gerente, com o departamento de recursos humanos ou até mesmo com seu presidente. Já ajudamos muitos associados e certamente tentaremos ajudá-lo também. Se, de fato, desejar sair, prometemos a você que faremos o que estiver ao nosso alcance em termos de persuasão, contatos e influência para ajudá-lo. Sabemos que nossa visão nesse aspecto não é comum, mas você provavelmente já percebeu que não somos uma empresa como qualquer outra.*

Certa vez, um associado decidiu trabalhar em uma área que não existia em nossa empresa. O fato de oferecermos boas referências enquanto ele ainda trabalhava em nossa empresa e buscava outra oportunidade causou uma excelente impressão ao departamento de recursos humanos da organização em que ele acabou se recolocando. Também demonstrou à outra empresa que aquele funcionário estava acima da média, era aberto e honesto. De fato, ele mantinha um relacionamento tão bom com seu atual empregador, que, mesmo quando contou a eles que gostaria de seguir outra carreira, eles quiseram ajudá-lo. (Confesso que também foi excelente para a imagem da Ovation!)

O colaborador conseguiu seu novo emprego. Na época, nós também o orientamos quanto ao nosso generoso, embora complexo, sistema de participação nos lucros (ESOP – *employee stock ownership plan* [plano de aquisição de ações do empregado]), plano de bônus por desempenho, e apresentamos qual seria a remuneração comparativa em uma empresa que pagasse apenas um salário fixo, sem tais benefícios.

Outro exemplo semelhante envolvendo um dos funcionários da Ovation que decidiu se abrir conosco sobre uma mudança de emprego foi o ocorrido com Paul, um de nossos vice-presidentes. Paul soube de uma oportunidade de trabalho que, quando jovem, ele considerara o emprego dos seus sonhos. Eu me utilizei de toda minha habilidade em vendas para ajudar a convencer o potencial novo empregador de que Paul era um candidato maravilhoso. Paul tinha sido leal à Ovation por catorze anos; naturalmente, eu tinha de retribuir. Novamente, causou uma excelente impressão ao novo empregador a atitude de Paul, a qual revelava o seu caráter, sua honestidade e consideração pelo relacionamento que tinha comigo ao me participar de suas intenções. Considerando-se candidatos comparáveis em termos de qualificação, quem você preferiria contratar, aquele que diz: "Pelo amor de Deus, não diga uma palavra ao meu atual empregador sobre o fato de estar me entrevistando para essa posição" ou aquele que tem uma relação aberta com o seu chefe, a ponto de este recomendá-lo com entusiasmo? A recomendação do atual empregador fornece ao contratador em potencial mais uma oportunidade de avaliar o caráter do candidato. Quando se tem apenas algumas horas para entrevistar possíveis colaboradores, é preciso contar com quaisquer indicações que possam dizer algo sobre o caráter dele.

O FATOR ERRO

Aceite as mudanças. Elas e os erros caminham de mãos dadas. Se você cair, permita-se considerar oportunidades de mudança pessoais ou em seu ambiente. Aceite ajuda quando lhe for oferecida e forneça-a sempre que necessário.

Paul conseguiu seu novo emprego, mas acabou recusando-o. Na verdade, ele continuou a ser um valioso colaborador por mais sete anos, quando resolveu encarar uma nova oportunidade profissional. Seu desejo de considerar outras possibilidades não afetou negativamente sua posição na Ovation, e é exatamente assim que deveria ser. A ideia é criar um local de trabalho conveniente e único, no qual as pessoas queiram permanecer. Se você permite a mobilidade e até mesmo oferece ajuda para que os indivíduos alcancem novos objetivos pessoais, estará de fato dando-lhes o controle sobre a própria carreira e, assim, eles se mostrarão mais inclinados a ficar.

Todos os meus colaboradores e eu sempre trabalhamos para fazer da Ovation um ótimo lugar para se trabalhar. Contudo, eu teria de ser bastante ingênuo para não supor que, de tempos em tempos, alguém iria encontrar um emprego melhor ou decidir sair por qualquer outro motivo. A possibilidade de o funcionário discutir abertamente essas questões na organização em que trabalha poderá fortalecer o seu relacionamento com o empregador. Se há algo sobre o seu trabalho que você não gosta, em vez de perdê-lo ao buscar uma nova colocação em outra empresa (depois de todo o tempo, energia e treinamento que foram investidos em você), lembre-se de que empresas de vanguarda sempre poderão tentar reestruturar sua posição atual e transferi-lo para outro departamento. Às vezes isso é possível, outras não, mas pelo menos a possibilidade poderá ser discutida e considerada. Conseguimos adotar esse procedimento para vários funcionários, inclusive para mim mesmo. Afinal, até o presidente de uma empresa pode se cansar do mesmo trabalho, especialmente depois de trinta anos. Eu reinventei a minha posição na Ovation várias vezes. Às vezes, as pessoas precisam mudar e crescer, e eu não apenas acredito nisso, como sou um exemplo desse fato.

Uma boa empresa deve aos seus funcionários o mesmo tipo de esforço e lealdade que estes demonstraram pela organização. Um diálogo aberto dará a ambas as partes a oportunidade de abordar os problemas que eventualmente surgirão no ambiente de trabalho.

Outra razão para eu tentar ajudar meus colaboradores a encontrar um novo emprego é que, em alguns casos, o empregado pode estar insatisfeito com o trabalho realizado. Não quero manter pessoas trabalhando em minha empresa mesmo sabendo que elas estariam mais felizes operando em outro lugar. Essa é uma situação em que todos perdem, inclusive aqueles que trabalham ao redor do funcionário infeliz. Sempre ajudei de bom grado pessoas insatisfeitas a encontrar outras oportunidades. Reconheço que por mais que eu tente – e eu tento bastante –, há muitas forças que se opõem ao desejo de manter todos 100% felizes, ano após ano. Às vezes é simplesmente o momento de mudar (veja o capítulo 30 para mais considerações sobre esse tópico).

Há mais uma razão pela qual você deveria contar ao seu chefe que está prestes a procurar um novo emprego antes de realmente arregaçar as mangas: este mundo é pequeno, e está se tornando cada vez menor. Em geral, somos maus atores e péssimos em manter segredos. Na maioria dos casos, seu empregador saberá, quase imediatamente, que você está à caça de uma nova oportunidade. Posso contar nos dedos o número de vezes que fui surpreendido por um pedido de demissão nos últimos trinta anos. Um dos nossos colaboradores que era torcedor fanático do time de futebol americano Gators, da Flórida, tinha as paredes de sua sala encobertas por lembranças e suvernirs nas cores azul e laranja. Toda sexta-feira durante a temporada de futebol ele ia ao trabalho com a camiseta do time e ficava chateado quando não havia transmissão do jogo pela mídia local, o que era frequente. Se você conhece alguém de Gainesville, Flórida, sabe do que eu estou falando. Todos são fanáticos por futebol. Então, um dia ele chegou e simplesmente pediu demissão, dizendo que desejava retornar à Flórida. Naquele momento eu olhei para ele e disse: "Não me diga, Lee. Você quer voltar para a Flórida para ficar perto dos seus amados Gators, não é? Nossa, acho que nunca ninguém aqui desconfiaria disso!".

Eu sei que alguns de vocês lerão este capítulo e, ainda assim, não poderão discutir uma possível mudança de carreira com o chefe. Ou talvez você seja um chefe que pensa não ter tempo para perder com esse assunto. Infelizmente nem todos os chefes estão abertos a esse tipo de discussão. Suponho que isso seja contrário a muito do que acreditamos saber sobre as pessoas. Em geral, os funcionários sempre pensam que o chefe irá explodir, e, em alguns casos, eles de fato explodem. Mas, se você pensar bem sobre o assunto, verá que minha posição simplesmente faz todo o sentido do ponto de vista empresarial. E é exatamente o bom senso que deveria reger suas decisões.

Toda vez que um colaborador partia, eu era o primeiro a levantar da cadeira, cumprimentá-lo e lhe desejar muita sorte em seu novo desafio. Às vezes chegávamos até a trocar um abraço afetuoso.

LIÇÕES DO CAPÍTULO 21

TENHA A MIM COMO UMA REFERÊNCIA

O que sobe tem de descer. No caso de você precisar de mais uma razão para ser generoso em termos de tempo e apoio a seus funcionários, lembre-se do velho ditado: "Encontraremos na subida as mesmas pessoas que veremos na descida". Isso pode não ser verdade para todo mundo, mas, pensando em como sua vida profissional está se desenrolando, isso poderá realmente ocorrer no futuro.

Não é o que você sabe; é quem você conhece. Contatos e *networking* são fatores importantíssimos em nossa sociedade. Você nunca sabe quem poderá estar do outro lado da mesa ou do telefone, então não seria melhor que esse encontro fosse amigável e harmonioso?

Carma, Regra de Ouro* ou qualquer outro princípio moral. Proporcionar coisas boas para os outros; fazer o certo; ser generoso; ou simplesmente ajudar alguém. Nada me faz mais feliz na vida!

* Também conhecida como Ética da Reciprocidade. Trata-se de um princípio moral que se aplica em praticamente todas as religiões e culturas do mundo e é frequentemente considerado como fundamental, o que sugere que possa estar relacionado a aspectos inatos da natureza humana. (N.E.)

CAPÍTULO 22
AUDIÇÃO SUGESTIVAMENTE NEGATIVA

Se você cometeu um erro, sempre haverá outra chance. Você poderá recomeçar quando quiser, pois o "fracasso" não está em "cair", mas em "permanecer no chão".

– Mary Pickford

Muito se pode dizer da identidade corporativa de uma empresa analisando-se a primeira impressão que se tem dos funcionários recebendo e atendendo seus clientes.

Recentemente, estive procurando um local para realizar uma reunião. Quando entrei em uma das empresas de locação que me interessara, não havia ninguém para me atender. Depois de algum tempo, reparei que no final de uma sala enorme havia uma representante comercial que parecia ser a responsável. Ela estava entretida digitando um documento. Esperei alguns minutos e, como ela não levantou a cabeça, eu me dirigi até ela. Disse-lhe que estava interessado em alugar uma sala para reuniões e gostaria de conhecer o local para ver se atenderia às minhas necessidades.

"Para quando o senhor gostaria de alugar? Estamos superocupados nessa época do ano" – ela disse.

"Bem, provavelmente nas próximas duas ou três semanas" – eu disse. E acrescentei: "Precisaremos dela por duas ou três horas durante a parte da manhã, provavelmente no período das 8 às 11 horas".

Então ela respondeu: "Bem, ninguém chega aqui antes da 9 horas da manhã, portanto, isso seria um problema. O senhor disse que precisaria da sala na segunda-feira?".

"Não, eu não disse que dia precisaríamos da sala; nós ainda não escolhemos a data."

"Ah, porque fechamos às segundas-feiras" – ela disse. A funcionária parecia tão negativa que aquilo provavelmente afetava sua audição. Filtrar palavras por meio de percepções negativas pode, de fato, afetar o que você ouve. De maneira alguma ela estaria disposta a vir trabalhar em seu dia de folga, e isso distorcia o que ela escutava. Ela estava ansiosa pela oportunidade de dizer não.

FATOR ERRO

Dê o exemplo sendo positivo. Mesmo quando ocorrer um erro ou um resultado aquém do ideal, procure os elementos positivos da situação e encoraje os outros a fazerem o mesmo.

Depois daquela atitude negativa, eu dei uma olhada geral no local e achei que o espaço não era exatamente o que estávamos procurando. Tenho certeza de que a representante e sua postura afetaram adversamente a minha percepção do local.

Embora eu continuasse a buscar um local adequado, continuei a pensar sobre a maneira como ouvimos o que nos é dito e em como um líder poderia repensar aquela experiência de atendimento ao cliente.

Para começar, a representante poderia ter notado a minha presença e vindo me receber. Ela jamais deveria ter dito a um cliente em potencial que sua empresa está sempre muito ocupada naquela época do ano. O cliente nunca está interessado em nossos problemas, pois ele já tem os dele para se preocupar e já são suficientes. O que ele quer é encontrar alguém que os resolva.

Ela poderia ter dito: "Senhor, nossas salas estão disponíveis de terça a sexta-feira, mas se o senhor realmente precisar utilizá-la em uma segunda-feira, abriremos uma exceção e teremos alguém aqui para atendê-lo. As salas estão abertas das 9 horas da manhã até as 17 horas, mas, se o senhor precisar começar às 8 horas, eu providenciarei para que alguém esteja aqui e garanta que a sala esteja disponível e pronta".

Pergunto a mim mesmo como o local teria parecido aos meus olhos depois de uma recepção tão positiva e acolhedora. Quando digo que eu encorajo erros como uma maneira de alcançar o sucesso, esse NÃO é o tipo de erro ao qual me refiro. Na realidade, é exatamente o contrário. Os funcionários precisam encontrar maneiras de dizer "sim" ao cliente e oferecer-lhe informações de um modo positivo. É melhor cometer um erro sendo positivo do que criar uma impressão negativa. E se você não sabe a resposta para uma pergunta, é melhor dizer: "Esta é uma boa pergunta! Não tenho essa informação no momento, mas vou verificar e retornarei assim que possível".

Essa representante não está sozinha quando faz uso de percepções negativas ao ouvir seu interlocutor. Um grande exemplo desse comportamento aconteceu no *talk show* de rádio do apresentador Don Imus. Depois da sua muito comentada demissão por ter feito um comentário extremamente inapropriado sobre um time de basquete feminino norte-americano em pleno ar, um ano depois ele retornou ao rádio e à televisão. Ele havia sido tão atacado pela publicidade negativa daquela história que as pessoas que assistiram ao seu novo programa de TV ligaram para a emissora reclamando que haviam escutado ele dizer uma palavra de baixo calão, o que naturalmente não era verdade. Ele fora retratado de modo tão negativo pela imprensa que isso afetara a audição das pessoas que assistiram ao programa. Na realidade, Imus é provavelmente a quintessência da celebração ao erro, pois ele estudou o que havia feito de errado, aprendeu com o erro e voltou mais forte que nunca com um programa mais equilibrado e de qualidade superior.

Se, por exemplo, percebemos que um dos nossos colegas de trabalho não consegue progredir em uma área em que o estamos treinando, precisamos nos certificar de que o estamos ouvindo com uma mente positiva e aberta ou perderemos oportunidades de "perceber" suas tentativas de aperfeiçoamento. Se tivermos clientes que disseram *não* para ideias que apresentamos muitas vezes no passado, precisamos prestar atenção às suas tentativas de mudar nossa percepção; caso contrário, nós os colocaremos contra a parede e os perderemos. A ideia é aperfeiçoar a maneira como ouvimos, assim não ficaremos demasiadamente presos a uma ideia fixa, como a representante que chegou a imaginar ter me ouvido dizer segunda-feira.

LIÇÕES DO CAPÍTULO 22

TUDO É IMPORTANTE

Nunca temos uma segunda chance de causar uma boa impressão. Quando você tiver visitas em sua empresa, certifique-se de que todos na organização saibam o nome de cada visitante (assim como a pronúncia correta), o cargo e tudo o que puder ser importante. Encoraje seus colaboradores a se apresentarem aos visitantes e ter uma breve conversa, agradecendo-lhes a visita. Cumprimentar os visitantes de maneira aberta e espontânea causará uma excelente impressão.

Coloque uma mensagem de boas-vindas com os nomes dos visitantes na recepção. Faça algo especial se for um novo cliente ou a primeira vez em que ele o visita. Nossa agência tinha uma parede onde ficavam expostos os logos de todas as empresas para as quais trabalhávamos. Na primeira vez em que uma nova empresa nos visitava, depois de se tornar cliente, nós colocávamos o seu logo na parede na presença do seu representante e dávamos a ele nossas boas-vindas à Ovation.

Há muitas empresas que não fazem nada para se destacar. É fundamental que você se diferencie das demais do modo mais positivo possível. Outra característica interessante de nossa parede de logos era o cuidado que demandava. Colocávamos os logos dos nossos clientes sobre um material que se assemelhava a uma prancha de isopor e, depois, os colocávamos na parede com uma cola temporária que não deixava marcas ou buracos na parede. Com o tempo, os logos caíam e precisávamos recolocá-los na parede. Aquilo servia como uma metáfora para a vida: aqueles logos precisavam de cuidados constantes para que continuassem sempre como clientes valiosos.

CAPÍTULO 23
ATÉ OS GÊNIOS FALHAM

Por mais que tentemos atingir a perfeição, o resultado de nosso trabalho é uma incrível variedade de imperfeições. Ficamos surpresos com nossa própria versatilidade em errar de tantas maneiras diferentes.

– Samuel McChord Crothers

Certa vez, trabalhei com uma colaboradora que era membro da Mensa, uma associação para pessoas com QIs superiores, típicos nos gênios. Ela não se acanhava em dizer para todos que quisessem escutá-la que pertencia àquela prestigiosa organização. Voltarei a ela mais tarde.

Saber ouvir é uma qualidade importante que sempre procuro no candidato quando o entrevisto. Eu costumo parar no meio de uma sentença, como se estivesse perdido em um pensamento profundo, e esperar para ver se a pessoa que está sendo entrevistada é suficientemente disciplinada para permanecer em silêncio e ouvir cuidadosamente a próxima sentença e, assim, potencialmente se conectar a mim e conseguir o emprego ou se ela fica tão nervosa com a frase no ar que se sente compelida a preencher o vazio com ruídos. Se os candidatos não me ouvem, assumo que não escutarão o cliente, e é impossível resolver o problema de um cliente se você não ouve o que ele diz. O setor de prestação de serviços, assim como uma agência de publicidade, requer o processamento de milhares de bits detalhados de informação. Um cliente pode manifestar o desejo de mudar a maneira como posicionamos a sua marca ou querer algo tão simples como uma mudança no preço ou na cor de um produto. E, como aconteceu com a nossa estrela da Mensa, se você não ouve o cliente e captura corretamente a nova informação que ele está lhe transmitindo, tanto você como a sua empresa passam por incompetentes.

Certa vez, comuniquei à senhorita da Mensa algumas mudanças e novas diretrizes sobre um projeto no qual estávamos trabalhando, mas notei que as alterações solicitadas nem sempre eram feitas. Então, um dia, enquanto lhe passava mais algumas mudanças específicas solicitadas pelo cliente, notei que, embora ela estivesse me ouvindo, não estava anotando nenhum dos meus comentários no papel, então lhe perguntei: "Como você vai se lembrar de todos esses detalhes que eu estou lhe passando?". Ela respondeu: "Sou membro da Mensa, portanto, consigo me lembrar de tudo!". Naquele momento eu a fiz recordar que vários itens que deveriam ter sido alterados haviam permanecido do mesmo jeito. Ela logo reconheceu que eu tinha razão e imediatamente passou a anotar as providências que deveriam ser tomadas. O problema foi então resolvido.

Não importa quão inteligente você é. Ninguém consegue se lembrar de cada detalhe envolvido em determinado projeto ou ambiente, pois estamos o tempo todo cercados por centenas de informações que mudam rapidamente – isso acontece na maioria das empresas hoje em dia. Ainda assim, pouca gente dá a devida importância a uma lista

O FATOR ERRO

Erre de maneira inteligente. O erro não se iguala à falta de inteligência. Indivíduos dos mais variados intelectos e níveis de competência também erram; portanto, disponha-se a aprender com os erros e aja de maneira mais esperta.

de pendências. Humoristas costumam fazer piadas sobre esposas que fazem listas de "tarefas que o marido terá de realizar hoje". Algumas pessoas equivocadamente consideram que quando estavam no colégio ou na faculdade eram inteligentes o suficiente para se lembrar de todos os trabalhos a fazer e prazos a cumprir, então, por que a situação haveria de mudar agora que estão no mundo dos negócios? Porém, na época da faculdade o aluno podia dormir até as 10 horas da manhã, enfrentava apenas quatro aulas por dia e tinha, no máximo, dois trabalhos grandes para apresentar no final do semestre. Agora, como funcionário, ele tem vinte projetos simultâneos, cada qual repleto de detalhes. O fato é que a quantidade de informações com que precisamos lidar no ambiente de trabalho é astronômica quando comparada a tudo o que vimos na faculdade.

Anotar todas as pendências em um papel é uma experiência libertadora, pois permite que a nossa mente relaxe, seja criativa e esteja preparada para solucionar os problemas que surgirem. De vez em quando, precisamos olhar para alguns desafios intrigantes para nos lembrar de que temos de resolvê-los e, então, dar as costas para eles até que tenhamos uma fase criativa e as soluções comecem a fluir em nossa mente.

Não é preciso ser um gênio, nem membro da Mensa, para reconhecer que você conseguirá realizar mais se mantiver um uma lista de pendências com todos os seus desafios e pendências. O sucesso em terminar suas atribuições certamente demonstrará sua inteligência perante seus superiores.

LIÇÕES DO CAPÍTULO 23

APRENDA COM OS SEUS SUCESSOS E ERROS

Estabeleça os seus objetivos e tenha sempre uma lista de pendências. Alguns especialistas estimam que colocar os nossos objetivos no papel (ou em um HD) aumenta em 40% nossas chances de atingir nossos objetivos. Escrever nossas metas nos torna mais responsáveis por elas e nos fornece um alvo mais claro e definido.

Mantenha um arquivo dos seus sucessos. Quando eu entrei no mundo dos negócios, alguém me disse para manter um arquivo com todas as críticas positivas que eu recebesse – prêmios, menções positivas e elogiosas, notas de agradecimento –, portanto, tudo o que recebi foi salvo em um arquivo pessoal. O conceito é simples: nos dias difíceis, quando o mundo parece estar caindo sobre nossa cabeça, basta acessar o arquivo e ler as maravilhosas realizações que já conquistamos. Com o surgimento da internet, fiz uma versão eletrônica desse mesmo arquivo. De fato, a pessoa que me deu esse conselho é digna de muita admiração, pois nunca fui muito disciplinado para guardar registros de eventos, mas essa sugestão específica fiz questão de seguir religiosamente. Fico feliz de ter mantido esse histórico das minhas realizações, embora, até o presente momento, eu ainda não o tenha estudado apropriadamente.

Mantenha um arquivo intitulado "Aprendendo com o Erro". Quando eu decidi escrever um livro e capitalizar com os meus erros e sucessos, dei início a um novo arquivo no qual tento capturar todas as lições aprendidas no dia a dia. Tenho, portanto, dois arquivos que são diametralmente opostos no espectro do aprendizado. Posso acessar um arquivo contendo minhas realizações ou o outro que guarda todas as más decisões que tomei nos últimos trinta anos. Confesso que o arquivo dos sucessos quase sempre me deixa entediado, pois nunca consegui ir além das quatro primeiras experiências ali relatadas (meu intervalo de atenção é curto). No entanto, sinto-me entusiasmado com as histórias contidas no arquivo dos erros. Tenho mais orgulho de ter arriscado na tentativa de ser bem-sucedido do que de minhas realizações propriamente ditas (que sono!). Tenho certeza de que um dia vou apreciar as contribuições positivas, especialmente as anotações pessoais daqueles que eu admiro. Mas, se você quiser aprender, crescer e se aperfeiçoar, concentre-se nas histórias de seus erros, pois é aí que você irá adquirir a experiência necessária para conquistar o futuro.

CAPÍTULO 24
MANTENHA-SE AFIADO

Qualquer atividade se torna criativa quando o autor se empenha em fazê-la sempre corretamente e melhor.

– John Updike

Comecei a trabalhar em publicidade como redator de anúncios. Posteriormente, dediquei-me à apresentação de programas criativos de rádio e TV. Uma das coisas de que eu realmente gostava em meu trabalho era apresentar conceitos a clientes e colegas. O que eu mais apreciava nessas apresentações era o desafio de vender às pessoas minhas ideias inovadoras. Também era interessante testemunhar a evolução dessas ideias e conceitos conforme mais e mais pessoas ofereciam suas sugestões para aprimorá-los.

Contudo, na medida em que nossa agência de publicidade crescia, meu papel na área de criação mudava drasticamente, a ponto de minha tarefa principal – e a razão pela qual abrimos a empresa – tornar-se o gerenciamento da empresa e do crescente grupo de indivíduos que trabalhava para mim. É bem verdade que o fato de eu reinventar o meu papel constantemente tornava o trabalho mais interessante. Aliás, essa é provavelmente a razão pela qual permaneci com a empresa por mais de trinta anos.

Ocasionalmente, surgia a oportunidade de eu voltar ao meu velho papel na área de criação, como aconteceu quando um velho amigo da faculdade, John Swendrowski, presidente da Northland Cranberries, veio até a nossa agência com um desafio. Aquela empresa estava lutando contra a falência, e, inicialmente, seus líderes nos pediram que fizéssemos um trabalho de relações públicas para eles e, mais tarde, que os ajudássemos com publicidade. Já havíamos trabalhado no passado com algumas empresas do ramo de produtos embalados, mas a nossa experiência não era tão profunda quanto em outros mercados, então decidi me envolver pessoalmente para assegurar que faríamos tudo certo e que apresentaríamos uma campanha criativa e eficaz. John era um velho amigo, portanto, juntei-me à equipe assim que ganhamos a conta. Aquela seria uma grande oportunidade de voltar às minhas raízes.

Entusiasmado com o novo desafio, peguei papel e lápis e comecei a escrever cópias comerciais e fazer histórias exatamente como costumava fazer quando eu era o único no departamento de criação. Adorei o trabalho, em especial a parte em que tive de apresentar meus conceitos criativos à equipe que cuidava da conta e, posteriormente, apresentá-los ao cliente. Nos últimos dez anos, os membros da equipe vinham me apresentando ideias sobre várias de nossas contas. Eu revisava as apresentações e fazia inúmeros comentários sugerindo meios de aperfeiçoá-las. Agora era a vez deles – os papéis estavam invertidos.

Era um comercial de apenas trinta segundos. De repente, eu estava em uma sala com cinco pessoas cuja tarefa era analisar cada nuance e cada palavra no meu anúncio. Alguns pareciam entender exatamente o que eu estava dizendo, enquanto outros se mostravam confusos pela maneira como eu apresentei o conceito. No final, achei que todos os comentários naquele dia foram excelentes e inteligentes.

Foi então que percebi que, como presidente da empresa, diariamente eu tomava muitas decisões rápidas para as quais ninguém me dava uma opinião. Na maioria das vezes, isso ocorria de maneira instantânea, sem que ninguém fosse questionado ou consultado. Por exemplo, certa vez eu escrevi uma longa carta para o representante de um cliente que havíamos acabado de conquistar. Nela eu tentava convencê-los de que seríamos capazes de continuar a gerenciar sua marca nacional assim como a pequena marca regional, na mesma categoria de produtos, localizada em nossa cidade. A carta era um apelo apaixonado de duas páginas e foi enviada ao nosso cliente sem a opinião de ninguém. Como presidente da empresa, é óbvio que eu não tinha de apresentar o documento para cinco pessoas e ouvir suas críticas para cada palavra que escrevera, mas, de certa maneira, quando você é o responsável por uma organização e é obrigado a tomar muitas decisões sozinho, você acaba sentindo falta das opiniões e sugestões de seus colegas, que poderiam ajudá-lo a analisar e avaliar o seu trabalho. Isso somente acontece quando se é parte de uma equipe de criação.

Depois de apresentar meus conceitos criativos à equipe, percebi que voltara no tempo e comecei a pensar sobre aquela carta e as dezenas de decisões que eu tomava em caráter diário e completamente sozinho. Não posso afirmar que daí em diante sempre pedi a opinião da equipe, afinal, isso seria pouco producente em relação às inúmeras decisões que um presidente de empresa é obrigado a tomar diariamente, mas confesso que a partir daquele dia tentei reunir mais opiniões e sugestões dos outros. Aquilo foi revigorante e melhorou os resultados, além de me fazer exercitar meu lado criativo, o que foi

O FATOR ERRO

A crítica construtiva nos ajuda a errar de modo mais inteligente. Sempre peça a seus colegas de trabalho, clientes, amigos e familiares que lhe façam críticas e ofereçam sugestões. Mostre a eles que você é capaz de aceitar e fazer observações construtivas.

ótimo! Também motivei a equipe a se colocar do outro lado da mesa e criticar o meu trabalho de vez em quando. Nunca perca a chance de entrar nas trincheiras ao lado de sua tropa.

Bem, quanto à minha carta pedindo a permissão do nosso novo cliente para que nos deixasse cuidar simultaneamente de sua nova marca nacional e do nosso pequeno cliente regional, eles educadamente recusaram. Eles demandavam nossa atenção exclusiva para a marca principal, o que eu entendi perfeitamente. A nova marca nacional iria investir muito mais dinheiro, então preferimos considerar aquele "conselho" como se fora uma advertência do próprio e infame Garganta Profunda,* personagem do livro/filme *Todos os Homens do Presidente*, e nos concentrar no que nos renderia "ganhos maiores".

* Referência a William Mark Felt, vice-presidente do FBI e fonte secreta no escândalo Watergate, nos Estados Unidos, que causou a renúncia do então presidente norte-americano Richard Nixon. Sua verdadeira identidade somente foi revelada em 2005. (N.E.)

LIÇÕES DO CAPÍTULO 24

ENTRE NAS TRINCHEIRAS AO LADO DE SUA TROPA

Não perca o contato. Um dos fatos intangíveis que contribuíram para o meu modesto sucesso como um líder nos negócios foi o meu início como uma "banda de um único integrante". Eu fazia tudo na empresa e apreciava o tempo e o talento que cada função exigia. Fui desde recepcionista a planejador estratégico. Envelopei muitas correspondências e, talvez, tenha sido um dos primeiros a perceber que seria melhor terceirizar as tarefas operacionais e repetitivas. Portanto, sempre que possível sente-se ao lado de sua equipe. Acompanhe, por exemplo, o pessoal que desenvolve sites na internet e logo se sensibilizará com o incrível esforço envolvido nessa função. Qualquer indivíduo que se achar muito ocupado para adquirir tal compreensão e sensibilidade estará incorrendo em um grave erro.

Mantenha-se afiado em suas competências. É difícil liderar sem o respeito de sua equipe. Manter suas competências atualizadas demonstra que você ainda sabe fazer o seu trabalho. Você não tem de ser perfeito o tempo todo; não é mais a sua função ser o "Sr. Sabe Tudo". Entretanto, quem melhor para ensinar os mais jovens do que aquele que tem mais experiência?

Aceite e faça críticas construtivas. Aceitar críticas, até mesmo as construtivas, pode ser difícil. Mostre à sua equipe que você é capaz tanto de fazê-las quanto de aceitá-las. Mesmo que você não concorde com um comentário, baixe a guarda e encare um ponto de vista diferente. Responda com um simples "obrigado" ou "isso é interessante" e tome nota para considerar os pensamentos mais tarde.

CAPÍTULO 25

CONFRONTANDO O MEDO E SOBREVIVENDO À CRISE ÉPICA

O covarde morre muitas vezes antes de sua derradeira morte, enquanto o audaz somente a enfrenta uma única vez.

– William Shakespeare

Más e boas notícias podem ser definidas pelas pessoas de acordo com suas diferentes percepções do mundo (em relação à idade, ao gênero sexual e até mesmo ao nível educacional). O número de novas empresas que não sobrevivem no mundo em que vivemos é absurdo. Isso é uma notícia ruim. Há estatísticas que confirmam que quatro entre cinco novos empreendimentos (*start-ups*) não prosperam – mesmo quando a economia vai bem. Conforme uma empresa persiste, suas chances de sobreviver aumentam a cada ano que passa. Mas toda organização enfrenta uma ou mais situações em que sua própria existência é ameaçada. Nesse caso, é comum que seus proprietários apelem para o divino e entreguem a situação "nas mãos de Deus". Algumas superarão a crise, mas, de acordo com as estatísticas, a maioria irá falir. Alguns especialistas na área de administração acreditam que muitas das empresas mais icônicas do planeta não resistirão ao atual momento econômico. E se isso pode acontecer com elas, certamente poderá acontecer com você e comigo. Mesmo depois de ultrapassar a fase de empresa recém-criada, há grandes chances de que todo empreendimento enfrente uma crise de grandes proporções, o que irá ameaçar sua existência ou exigir alguns sérios desafios por parte de sua liderança.

Líderes devem encarar os prenúncios de crise como indicadores de tendências e de direcionamento no mundo empresarial. A área de publicidade, em particular, é precária, porque não é incomum que um único cliente represente de 5% a 25% de sua receita bruta. Na verdade, em muitos casos, um só cliente chega a representar 75% dos negócios de uma agência. Entretanto, as empresas de publicidade não têm o domínio sobre esse mercado. Infelizmente, a maioria das empresas no mundo se encaixa na mesma regra, ou seja, 80% de sua receita é gerada por apenas 20% dos seus clientes. Portanto, quando uma conta que representa um grande percentual de sua receita encerra uma parceria, mesmo quando você está fazendo tudo certo, é necessário um líder habilidoso para sobreviver a tal crise.

Um indicador de crise iminente é um declínio no setor em que a sua empresa atua, o que poderá dar início a uma lenta erosão daquele centro de lucros e fazer ruir o seu frágil império. Por exemplo, na década de 1980, a minha agência era especializada na criação de catálogos. Se você faz um belo trabalho, é comum que as pessoas batam à sua porta pedindo para que faça o mesmo por elas. No início da década de 1980, comprar um único computador equipado para produzir catálogos custava cerca de 40 mil dólares, portanto, não era economicamente viável para empresas de pequeno e médio porte adquirir dois ou três equipamentos para atender às próprias necessidades, então essas organizações preferiam contratar uma agência como a nossa. Contudo, por volta de 1988, o preço de computadores já havia caído para cerca de 2 mil dólares – era tão baixo que a maioria das pequenas e médias empresas era capaz de adquirir vários e, desse modo, começaram a produzir seus próprios catálogos internamente. (É interessante como seus líderes se esqueciam de que seria necessário contratar, treinar e administrar uma equipe de profissionais altamente especializada em operar o equipamento, mas essa é outra história.) Eu quase não acreditava quando via anúncios de computadores Apple no final da década de 1980 (embora os PCs já fossem comercializados a preço de bananas). Logo percebemos aquele indicador e, então, corremos para diversificar nossa oferta de serviços, a fim de não dependermos da produção de catálogos como principal fonte de renda. É preciso, portanto, saber identificar os indicadores de tendências com antecedência para ser capaz de evitar crises.

Em contrapartida, a falta de percepção desses indicadores poderá significar sua demissão sumária por determinado cliente e causar a dizimação da receita de sua empresa e a ruína do império que você lutou tanto para construir. Algumas evidências são precoces e lhe dão tempo suficiente para fazer ajustes. Outras, porém, surgem tarde demais para que permitam mudar de direção.

Normalmente, quando se está atento aos indicadores no início de uma grande crise, é comum escutarmos duas velhas expressões: boas notícias e más notícias. Tivemos más notícias (ou seja, enfrentamos nossa primeira grande crise) na Ovation em 1992, quando o nosso maior cliente na época, The Company Store, nos ligou às 15h e 30min de uma sexta-feira para nos avisar que haviam decidido pedir concordata. Sendo um astuto analista de indicadores, eu sabia que talvez aquele telefonema ocorresse em algum momento, mas, assim mesmo, tal conhecimento não aliviou a terrível dor no estômago que senti!

A The Company Store vinha enfrentando uma grande batalha com os bancos. Eles tinham a esperança de receber o perdão para uma dívida de 50 milhões de dólares – o que, no jargão empresarial, era carinhosamente denominado com "um corte de cabelo". Se os credores concedessem o perdão (o corte de cabelo), os pagamentos de juros feitos mensalmente seriam menores e mais administráveis; a empresa poderia sobreviver e continuar a pagar suas dívidas securitizadas* – com os bancos – e as não securitizadas – junto aos fornecedores pobres, como a Ovation, que não tinham nenhuma participação na transação. Dentro de um banco, um credor não securitizado ostenta o mesmo poder de negociação que um pobre sem-teto. Sem a redução da dívida, a The Company Store seria forçada a declarar falência e os credores securitizados (bancos e seguradoras) passariam a controlar os ativos da empresa garantidos pelos contratos de empréstimo, enquanto os não securitizados ficariam em segundo plano.

Participei de uma reunião dos credores não securitizados e rapidamente calculei que o tempo que estava perdendo na reunião era mais valioso que o dinheiro a ser recuperado no final. Na época me senti como um derrotado, o que não deixava de ser verdade, uma vez que o meu prejuízo era de 200 mil dólares e estava entre os maiores na categoria dos não securitizados. Os bancos e seguradoras (clientes securitizados) estavam na luta por 50 milhões de dólares. Lembro-me de ter considerado nem participar da reunião, mas eu queria absorver por inteiro a experiência do erro. Achei que aquilo serviria para meu crescimento pessoal, como um doloroso lembrete para que eu nunca mais colocasse a empresa naquela situação. Além disso, foi uma ótima oportunidade para aprender sobre termos usados na área, como "altas finanças" e "fazer um corte de cabelo", que me permitiriam arrasar durante os *happy hours* da empresa.

No melhor dos cenários, um juiz da vara de falências poderia dispersar os ativos da empresa e os credores não securitizados acabariam recebendo 10 centavos por dólar. A The Company Store estava gastando 100 mil dólares por mês conosco (1,2 milhão de dólares por ano) e já nos devia dois meses de trabalho, ou seja, 200 mil dólares.

* Trata-se de um termo não dicionarizado oriundo do inglês. No Brasil, refere-se a títulos de responsabilidade do Tesouro Nacional, emitidos em decorrência da assunção e renegociação das dívidas da União ou por ela assumidos por força de lei. (N.E.)

Em um ano toda aquela dívida provavelmente se transformaria em apenas 20 mil dólares. Francamente, eu não tinha muita esperança de que até mesmo esse pequeno valor fosse pago. É preciso ressaltar que ter um cliente que declara falência é um prejuízo em dobro, porque não se perde apenas o que ele estava lhe devendo pelos serviços já entregues, mas não será mais possível contar com os valores previstos para serem investidos ao longo do ano com a sua empresa.

Entretanto, administrar a Ovation naquela crise não fora algo que começara naquela sexta-feira à tarde depois do terrível telefonema que ficaria para sempre em minha lembrança; começara anos antes, quando testemunhamos nosso cliente assumir uma imensa dívida e imediatamente percebemos que eles representavam uma parte muito grande de nossa receita total. Uma crise em potencial requer que os verdadeiros líderes abram seus olhos para o que está acontecendo ao seu redor, mesmo que o desejo seja de relaxar, comemorar a boa fase atual e orgulhar-se pelas conquistas brilhantes do presente.

Antecipar crises requer não apenas a vigilância constante de sua conta favorita, mas a contínua consideração da possibilidade de que ela enfrente alguma catástrofe. Isso não é fácil nem divertido de fazer. A ênfase está em "neutralizar o gorila" (um gorila é uma conta ou categoria de contas que representa uma fatia muito grande do seu negócio). As empresas, em geral, não querem contas do tipo "gorila" por muitas razões, sendo a potencial falência apenas uma delas. Lembre-se: oferecer consultoria estratégica em publicidade a um cliente requer total honestidade, o que eventualmente poderá irritá-lo e fazer com que ele lhe faça retaliações e até mesmo o demita. Porém, é bem mais fácil ser extremamente honesto quando você sabe que a perda de determinado cliente lhe causará apenas um pequeno desconforto.

Existem duas maneiras de "neutralizar o gorila": conquistando mais clientes para a sua carteira ou limitando a extensão dos serviços prestados a uma única conta. Sempre preferi a primeira opção e rejeitei a segunda, pois compreendo o risco associado a essa medida. Sempre acreditei que jamais deveríamos dar chance à concorrência de se aproximar de nossos clientes e que, se reduzíssemos os serviços prestados, correríamos esse risco. Para ser ainda mais direto, "nunca deixe suas sobras para outra agência".

Nossa opção foi reduzir as chances de crise conquistando novos clientes para "neutralizando o tamanho do gorila". Esse tipo de conquista requer tempo e planejamento, e é por isso que os sinais precoces são tão importantes no gerenciamento de crises. Se você tem uma conta de um milhão de dólares que representa 10% do seu negócio e você então conquista outra conta de 1 milhão de dólares em outra categoria, o "gorila" teve seu tamanho reduzido. Você fincou sua bandeira em um novo terreno e, desse modo, poderá facilmente se garantir até que este novo cliente se transforme em um novo "gorila" e o processo se repita.

O relacionamento de quinze anos entre a The Company Store e a Ovation Marketing (veja capítulo 5) teve um desfecho único. O grupo de investimento que comprou o negócio de Terry Gillette e que também declararia falência anos mais tarde decidiu que teria um campo mais fértil com outros negócios e venderam a The Company Store para um de seus concorrentes em catálogos. Os novos donos estavam sediados em Nova Jersey. A vantagem que tínhamos com a empresa por estarem sediados em La Crosse se foi, portanto, não sobrevivemos à segunda mudança de mãos. Porém, fico feliz em dizer que a empresa continua até hoje (www.thecompanystore.com) e que ainda comercializa seus produtos praticamente com a mesma sistemática desenvolvida pela Ovation na década de 1980. É bom saber que você ajudou a construir um conceito que dura mais de 25 anos.

O objetivo número 1 de um empreendedor é criar algo que perdure mesmo depois que ele se retirar de cena. Sob esse parâmetro, ambas as empresas foram bem-sucedidas. A estratégia da Ovation de "neutralizar o gorila" foi quase perfeita, visto que a falta da receita gerada pela The Company Store quando ela deixou de ser nosso cliente foi administrada. No ano em que nossa parceria foi encerrada, a Ovation conseguiu recursos para pagar a participação nos lucros no limite máximo permitido por lei, o que possibilitou aos colaboradores receberem bônus de desempenho acima da média. Foi uma época excitante na história de ambas as empresas.

Refletir sobre a experiência com o benefício do tempo me traz grandes lembranças. Até mesmo o telefonema durante o qual ouvi a inesquecível revelação "decidimos declarar falência" me parece estranhamente engraçado nos dias de hoje. Durante os tempos gloriosos da The Company Store, apossando-me de uma frase de Bruce Springsteen, eu sempre me perguntava o que significaria não mais fazer parte de algo que ajudara a criar. Porém, esse é um fato inevitável no relacionamento entre agência e cliente. Aquela fora uma incrível experiência de relacionamento e aprendizado, e tal conhecimento ainda me é útil praticamente todos os dias. Curiosamente, cerca de quatro anos depois da venda da The Company Store, participamos de uma concorrência sob a égide dos novos donos, mas não saímos vitoriosos. Talvez tenha sido melhor, pois não sei se conseguiria atuar da mesma maneira por mais quinze anos. Apesar de tudo, posso afirmar sem sombra de dúvida: valeu a pena.

O FATOR ERRO

"Neutralize o gorila". O risco é um fator natural do negócio, mas como é possível minimizar um risco conhecido e evitar ou administrar melhor a saída de uma potencial crise?

Não surpreende o fato de que nossa segunda crise apresente grandes semelhanças com a primeira. Depois da The Company Store, entramos com força na categoria de negócios de empresa para empresa (B2B*), e a principal conta nessa categoria era de uma empresa chamada New England Business Service, ou NEBS. A minicrise foi precipitada novamente pelo fato de a NEBS ter se tornado nosso "minigorila".

A essa altura, você deve estar se perguntando: "Puxa, será que vocês não aprenderam a lição da primeira vez?". A resposta correta é: "Sim, mas não podíamos dizer não". (Veja o que foi dito anteriormente neste mesmo capítulo sobre "nunca deixe suas sobras para outra agência").

Vejamos como isso acontece: quando uma agência se conecta com um cliente, a relação é fantástica. O cliente fica superempolgado e o mesmo deve ocorrer com a agência para que se consiga manter a demanda por serviços. A agência cria para o cliente um veículo de marketing que funciona bem. O cliente se entusiasma e pede que a agência crie mais cinco veículos iguais ao primeiro. Antes que você perceba, está diante de um crescimento explosivo, e não tem como controlá-lo, a menos que você recuse algum trabalho, o que eu nunca consegui fazer.

Abandonamos o glamour dos casacos forrados e dos luxuosos jogos de cama para fazer propagandas para uma empresa cujo principal negócio era a venda de talões de cheque** para pequenas empresas. Por que tamanha mudança? Acho que tendo trabalhado em um nicho por tantos anos e diante da "oportunidade" de descobrir novas áreas (provocada pela falência de outro cliente, que nos forçou a encontrar um novo), nós exageramos e passamos a explorar setores que estavam extremamente distantes de nossas raízes – simplesmente para podermos

---

* Do inglês *Business to business*. Trata-se do nome dado ao comércio praticado por fornecedores e clientes empresariais. (N.E.)

** Nos Estados Unidos, existem empresas especializadas em fabricar e comercializar talões de cheques com desenhos, imagens e cores variados, que diferem bastante dos talões fornecidos pelos bancos. (N.E.)

mudar de ares (isso se assemelha à enorme diferença que existe entre minha primeira e minha segunda esposa. Ambas são maravilhosas, mas elas são decididamente diferentes). A NEBS se tornou um grande cliente para nós, assim como a The Company Store fora um dia. Na época em que trabalhamos com a NEBS, ela era uma empresa de 1 bilhão de dólares. (Nota: da mesma maneira como a The Company Store fora vendida para seu concorrente, a NEBS também foi comprada em 2004 pela Deluxe Corporation, uma concorrente cujo principal negócio também era a comercialização de talões de cheque. Há, de fato, muitas semelhanças no mundo dos negócios!). A NEBS possuía um banco de dados de aproximadamente um milhão de consumidores de um único produto: cheques. E, como a maioria das empresas, ela queria diversificar em novas áreas, nas quais, infelizmente, não tinha experiência. A ideia principal para muitas organizações com grandes bancos de dados é usar aquele patrimônio valioso para comercializar outros produtos. A NEBS não queria depender apenas de cheques porque a era digital já estava se tornando uma realidade e eles temiam que seu produto tivesse o mesmo destino dos filmes da Kodak. É mais uma evidência de que vivemos em um mundo que muda velozmente e obriga até as grandes companhias a prestar atenção aos mercados ao seu redor. É preciso lembrar que estamos todos à beira da extinção, considerando que inovações em produtos podem tornar obsoletas da noite para o dia velhas categorias de produtos consagrados, como filme fotográfico e talões de cheque.

Ajudamos a NEBS em muitos de seus esforços de marketing que teriam sido difíceis de assimilar dentro de uma cultura de 1 bilhão de dólares, disciplinada e focada em um único item. A Ovation foi o perfeito conduto para a sua experimentação em novos mercados. Nós os ajudamos a vender produtos com o logotipo das empresas que eram seus fiéis consumidores de talões de cheques. Os clientes, por sua vez, avaliaram que se aquela empresa era capaz de fornecer cheques em papel de qualidade, com um logo de negócios impresso em cada folha do talão, conseguiriam também vender camisetas esportivas com o mesmo logo estampado no bolso. A NEBS possuía quase um milhão de consumidores leais que estariam logo comprando camisas de uniforme, bonés, jaquetas e camisetas esportivas com o logo de cada empreendimento.

Infelizmente, a média de tempo que durava o relacionamento entre agência e cliente havia agora caído para um pouco menos de três anos. Trabalhamos com a NEBS por quase dez anos, mas inevitavelmente a parceria chegaria ao fim. A empresa nomeou um novo presidente, cujo primeiro discurso deixou clara sua preferência por fornecedores da própria região. A NEBS estava sediada em Massachussetts, enquanto a Ovation ficava no Wisconsin – uma distância de quase 1.600 quilômetros. Foi o começo do fim. Sendo veteranos nesse tipo de situação em função de experiências passadas, nós novamente "neutralizamos o gorila" e, quando o fim chegou, conseguimos administrar a perda com tranquilidade.

Quando uma empresa experimenta grandes dificuldades, do tipo que ameaça a sua existência ou o padrão ao qual ela estava acostumada, e tudo ao redor do líder começa a se deteriorar, é responsabilidade dele manter-se calmo, conservar todos os colaboradores focados na definição e, posteriormente, na solução do problema, e convencer a empresa toda de que o trauma será superado (vale ressaltar que a mera crença de que a superação é possível representa 90% do sucesso). Querendo ou não, o líder precisa ser capaz de dizer "nós podemos superar essa crise", uma vez que todas as outras pessoas na organização estarão excessivamente focadas nos possíveis resultados negativos. No pior cenário possível, alguns entrarão em pânico, e isso é justamente o que menos você precisa em uma crise. Geralmente, quanto mais você desce na escada hierárquica, mais assustadas as pessoas estarão, porque elas têm menos controle sobre a situação. Comunicação vertical dentro da estrutura organizacional é fundamental. Reuniões semanais são essenciais para garantir o controle e a confiança dentro da empresa. Os funcionários ficarão muito mais confortáveis se você disser a eles o que será feito para que a companhia saia da crise.

A negatividade é uma triste aflição dessa sociedade moderna, movida pela necessidade de se manter na mídia. É muito mais "moderno" e seguro parecer negativo. Líderes fracos temem se posicionar de maneira excessivamente otimista em relação às chances de superar uma crise e voltar aos bons tempos, pois, se tudo piorar, ficarão mal perante seus colegas de trabalho. (Em sua mente, as pessoas certamente pensarão que ele ou ela não apenas conseguiu levar a empresa para o buraco, mas ainda teve a petulância de achar que poderia corrigir o problema e dar a volta por cima.) Mas se os líderes forem excessivamente pessimistas desde o início e tudo melhorar, ninguém irá reclamar, uma vez que o navio tenha sido novamente colocado na rota certa. Depois que tudo estiver correndo bem novamente, todos perdoarão seu negativismo, afinal, havia uma boa razão para o pessimismo.

O problema em evitar riscos, buscar autoproteção e permanecer silencioso durante uma crise está no fato de que é justamente durante os tempos ruins que os líderes precisam ser uma fonte de inspiração. As chances de sucesso se multiplicam muitas vezes quando líderes fortes enfrentam a situação e inspiram sua equipe, dizendo: "Nós somos capazes de superar esse problema e aqui está o plano que detalha como nós iremos vencer!".

Durante uma crise, a frase que sempre uso como inspiração e direcionamento é aquela do início do capítulo, dita por William Shakespeare: O covarde morre muitas vezes antes de sua derradeira morte, enquanto o audaz somente a enfrenta uma única vez. Essa passagem instila em mim uma sensação de libertação em relação ao medo; a ausência do temor é crítica para a vitória. É preciso se manter criativo e demonstrar uma habilidade superior para solucionar problemas e ser capaz de sair de situações difíceis. Isso será impossível se o indivíduo estiver amarrado pelo medo. É claro que um pouco de receio ainda é um motivador positivo e desperta nossos sentidos, mas, em excesso, nos causa paralisa e nos faz perder o jogo de cintura que tanto atrai as pessoas ao líder – aquela aura especial de "podemos vencer!". A citação de Shakespeare me alerta para o fato de que a todos é permitido ter medo, porém uma vez apenas, antes da morte. Até que isso aconteça, o líder terá de confrontar e resolver os problemas da empresa. Talvez isso lhe pareça um pouco dramático, mas sempre se comprovou eficaz.

LIÇÕES DO CAPÍTULO 25

DESGRAÇAS ACONTECEM!

Encare o "gorila". Qual é o monstro que o mantém acordado à noite? Confrontá-lo formulando um plano racional de ataque, antes da crise, permitirá que você "neutralize" ou, pelo menos, "domestique o gorila" e continue seguindo em frente.

Desenvolva o que seria para você o "pior cenário". O que o "gorila" poderia fazer para causar sérios problemas ao seu negócio? Para cada evento previsto, elabore uma estratégia dos primeiros passos a seguir a fim de proteger os seus interesses.

O que você é capaz de fazer certo agora? Das estratégias e planos que você elaborou, quais você poderá implantar agora, antes de a crise, de fato, acontecer?

CAPÍTULO 26
DETONANDO O SISTEMA

Algumas pessoas acham que ao se manterem firmes demonstram sua força, mas, às vezes, o poder está em abrir mão da luta e deixar certas coisas para trás.

– Sylvia Robinson

No capítulo 8 e ao longo deste livro, discutimos a teoria do "contínuo aperfeiçoamento". A ideia de progredir de modo constante, lento e regular em tudo o que fazemos é bastante lógica. A maioria de nós investe nos sistemas já existentes, nos produtos, nas campanhas de publicidade e nas ideias para que os tornemos ainda melhores. O aperfeiçoamento contínuo é o padrão indispensável por meio do qual ideias e indivíduos bem-sucedidos alcançam patamares cada vez mais elevados. A teoria em geral produz resultados surpreendentes, porém, ocasionalmente, o sistema que se está tentando melhorar não tem solução. Às vezes é preciso que todo o sistema seja simplesmente desfeito.

Um exemplo de como implodir o sistema vigente e recomeçar aconteceu em nossa agência quando mudamos a maneira (aparentemente simples) de localizar e convocar nossos colaboradores quando estes recebiam um telefonema de um cliente. Nós nos orgulhávamos do serviço rápido e eficaz. Quando um cliente ligava e um associado não estava em sua sala, o que era raro, nós o chamávamos pelo sistema de intercomunicação a fim de que todos pudessem ouvir. A chamada tornou-se um modo de vida e foi além de seu escopo original. Começamos a anunciar o início de reuniões ("A revisão da pauta de criação está começando na sala de conferências."); anunciávamos a chegada de encomendas, enfim, usávamos o sistema para praticamente tudo.

Com o uso mais frequente do sistema, o escritório ficou parecendo uma rodoviária! Ninguém gostava das interrupções constantes. Várias tentativas foram feitas para solucionar o problema, mas nada funcionava. Foi então que, depois de anos de aborrecimento e interrupções, decidimos detonar o sistema e, em um belo dia, simplesmente informamos que não mais chamaríamos os funcionários pelo sistema de intercomunicação, sem oferecer nenhuma alternativa. Deixamos que a dinâmica do local de trabalho estabelecesse seu novo fluxo de informações, o que é a maneira mais natural de permitir que sistemas se autocorrijam. É como derrubar água em uma ladeira e deixar que ela própria estabeleça seu caminho para o oceano. Sem o sistema de intercomunicação, não surpreenderia o fato de as pessoas procurarem alternativas.

De início, a eliminação do sistema causou alguns aborrecimentos. Nossa simpática recepcionista, por exemplo, queria me matar. Sem a conveniência do antigo mecanismo, alguns se irritavam quando tinham de encontrar outros associados para discutirem um projeto. Mas a maioria rapidamente passou a gostar do ambiente mais silencioso e dava graças a Deus por conseguir trabalhar sem interrupções. Com o tempo, nossos habilidosos associados começaram a encontrar maneiras melhores de localizar seus colegas de trabalho. Por exemplo, mesmo sem o anúncio do início de uma reunião, todos já sabiam que tinham de estar presentes no horário marcado. (Que grande conceito, não?)

O FATOR ERRO

Saiba quando é preciso começar de novo. Nada deve ser fixo. Consertar repetidamente um projeto com falhas poderá alimentar ineficiências e impossibilitar o sucesso. Às vezes é preciso um novo começo para se alcançar o sucesso.

Finalmente tivemos a ideia de manter a recepcionista informada sobre as andanças daqueles associados que mais recebiam ligações. Assim, se um cliente ligasse, a recepcionista saberia imediatamente o que dizer a ele e podia procurar a pessoa ou dizer ao cliente que retornaríamos a ligação. No passado, o ato de localizar a pessoa levava cerca de trinta segundos. Se elas estivessem em uma reunião, simplesmente não ouviam e não respondiam, o que nos fazia voltar ao telefone e dizer algo ridículo como: "Não consigo encontrar a Jane no momento; posso pedir que ela retorne a ligação?" (quando eu conseguir encontrá-la). O novo sistema nos fez parecer mais eficientes ao cliente que precisasse falar com nossos colaboradores. Com o tempo, a nova tecnologia do sistema PABX e o terrível mecanismo de mensagens pré-gravadas nos impuseram novos desafios.

Portanto, se você não alcançou o progresso que esperava com aperfeiçoamento gradual e contínuo, tenha a coragem de detonar o sistema e recomeçar do zero. A experiência pode ser fantástica, e os resultados provavelmente o surpreenderão, assim como aconteceu conosco. Não apenas sobrevivemos à experiência, como também nossa empresa tornou-se mais confiante em sua habilidade de resolver problemas de maneira mais criativa.

LIÇÕES DO CAPÍTULO 26

O QUE VOCÊ PRECISA PARA COMEÇAR DE NOVO?

Que problema ou obstáculo o tem consumido há tempos? Você está gastando mais energia do que a necessária tentando consertar o problema? Às vezes tentamos reparar objetos cuja utilidade já não existe mais. Os problemas que temos com eles podem ser sinais de que já não servem mais aos nossos propósitos e, se isso for verdade, talvez mereçam mais que consertos. Talvez seja a hora de explodir o sistema completamente e recomeçar.

Você entende o reinício como um sinal de fracasso? Aceitar o fim de certos processos ou sistemas e seguir em frente com novas soluções significa aprender com a experiência. Com base no que já aprendeu, poderá agora chegar a um novo patamar.

CAPÍTULO 27
POR QUE ESPERAR?

Os que esperam podem até alcançar benefícios, mas somente aqueles que restaram dos que se apressaram.

– Abraham Lincoln

Considero o verbo esperar um dos mais repugnantes já inventados pelo homem. Ele é usado por aqueles que temem o progresso e o movimento contínuo para frente; pelos que receiam o fracasso. Esse verbo suga toda a energia e o entusiasmo das ideias. Não consigo compreender por que alguém, principalmente um líder, pronunciaria este verbo sob o pretexto de dirigir sua equipe rumo a uma ação desejada.

Um uso comum desse vocábulo ocorre quando um líder diz: "Queremos esperar para depois seguir em frente". Ou seja, embora tenhamos essa grande ideia, desejamos aguardar. Eu sempre me pergunto: esperar para quê? Até que alguém apareça e tome o seu prêmio por ter sido mais rápido?

Este verbo é geralmente usado em agências de publicidade como uma atitude de inação. As pessoas dizem: "Eu não posso prosseguir por enquanto, pois não tenho informação suficiente, por isso terei de esperar até obter mais detalhes".

A palavra esperar é usada por pessoas que são inclinadas à procrastinação. Requer coragem e nervos de aço seguir em frente com ideias, portanto, se você aplica esse termo, você se sente aliviado da sua responsabilidade em ter de prosseguir.

Enquanto espera, você carrega um enorme peso, ou seja, a carga da inércia. Considero uma coincidência interessante que, no inglês, as palavras *wait* [esperar] e *weight* [peso] tenham a mesma pronuncia, já que ambas suportam tanta pressão. Aliás, quando as ouvimos atentamente, as palavras muitas vezes apresentam significados mais amplos e profundos do que os que aparecem no dicionário.

Devo esclarecer que esperar por medo é bem diferente de fazê-lo em prol de um momento estratégico e ideal. É importante apreciar tal diferença, mas devo confessar que muitas vezes sofro com este conceito. Veja um bom exemplo:

No verão, passo a maioria dos finais de semana andando de bicicleta. Por causa da minha incapacidade de esperar, sou um corredor medíocre. Corridas de bicicletas são diferentes de outros esportes porque o ciclista que toma a liderança e fica na frente é o que despende mais energia contra o vento e, por causa disso, geralmente perde a corrida. Em contrapartida, aquele que fica com o grupo e aproveita o vácuo deixado pelos que seguem na frente tem, em geral, mais energia quando precisa aumentar a velocidade no final. Meu treinador já me aconselhou nessa técnica. Aliás, ele sempre me faz lembrar que os vencedores não são os líderes que saem na frente e permanecem nessa posição. Mesmo assim, eu raramente ganho as corridas das quais participo pelo fato de não ter a paciência necessária para esperar. Porém, o que me torna fraco no ciclismo é exatamente aquilo que me transforma em um homem mais forte nos negócios. Os dois esportes, afinal, estão em mundos opostos.

No mundo da publicidade, aqueles que têm ideias – sejam elas relativas a produtos ou à própria propaganda – e as levam primeiro ao mercado são os vencedores. Em cada categoria de produto ou serviço, com raras exceções, o primeiro produto bem-sucedido que entra no mercado e na cabeça do consumidor facilmente mantém seu público-alvo e a

O FATOR ERRO

Aja! Siga em frente ao longo do caminho, mesmo que erre da primeira vez. No final, você vencerá. Às vezes conseguirá dar um grande salto para frente; em outras ocasiões, o avanço será tímido, mas você sempre chegará ao seu destino!

primeira posição. Portanto, quando se tem uma grande ideia para um novo produto, a última atitude a tomar é esperar.

Acredito que, para alguns indivíduos, esperar é uma maneira de evitar o medo de errar. Se você espera, não precisa assumir riscos, se pronunciar ou tentar algo novo. Esperar significa inatividade total. O erro é postergado – assim como o sucesso. Aqueles que aguardam se sentem mais motivados a evitar a dor de uma derrota que a experimentar a alegria de uma vitória.

O oposto de esperar é agir; é seguir em frente com os seus pensamentos e ideias para realizar algo novo em vez de simplesmente esperar que aconteça – ou não. Concordo com Johann Wolfgang von Goethe: "O que quer que faça, ou sonhe, comece a agir. A ousadia é genial, poderosa e mágica".

LIÇÕES DO CAPÍTULO 27

SIGA EM FRENTE

Quais são os seus obstáculos? Quais são os seus medos? Você poderá encontrar obstáculos materiais, como a falta de dinheiro, ou até mentais, como a necessidade de obter conhecimento. Se o medo de errar o estiver impedindo de algum modo, desenvolva um plano para examiná-lo diante das piores situações possíveis. Afinal, o que você estará arriscando ao tentar? O que aprenderá com a tentativa? E o que perderá por não tentar?

Estabeleça grandes objetivos. Inclua em sua lista metas que provavelmente não alcançará da primeira vez que tentar.

Anote os seus objetivos. Desconstrua cada objetivo a fim de identificar as ações que possam viabilizar sua realização. Anote as ações e os resultados, tanto nos erros como nas vitórias, e as lições que aprender com suas experiências.

Comece a agir.

CAPÍTULO 28
NÃO CONSIGO ENCONTRAR MINHA BOLA

O sucesso parece estar ligado à ação.
Pessoas bem-sucedidas estão sempre em movimento.
Elas cometem erros, mas nunca desistem.

– Conrad Hilton

Quando eu era menino, meu pai e eu costumávamos jogar golfe. As crianças, principalmente aquelas com baixo grau de atenção, geralmente batem na direção errada e acabam perdendo a bola, pois esquecem para onde a atiraram. Eu estava predestinado a ser um fracasso nesse esporte, pois vivia perdendo minha bola e jamais a encontrava. O problema é que toda vez que isso ocorria, eu era penalizado, como qualquer atirador. (Para piorar, o golfe é um esporte muito caro!)

O fato é que, depois de alguns "momentos" frustrantes procurando em vão pela bola perdida, eu parava no meio do campo e gritava: "Eu não consigo encontrar a minha bola". Paciência é um atributo necessário nesse esporte, então o meu pai costumava usar aqueles "momentos Kodak" para me ensinar algo sobre isso e dizia: "Você nunca encontrará sua bola de golfe se ficar aguardando que ela venha até você". Aquilo me pareceu profundo, mesmo para um menino de 7 anos. Ele sempre explicava que seria preciso andar rápido e cobrir um vasto território para encontrar uma bola perdida. Confesso que economizei bastante dinheiro ao longo dos anos porque escutei meu pai e, na maioria das vezes, encontrei minha bola.

Na verdade, estou certo de que tal filosofia me ajudou bastante no mundo dos negócios. Nele há muitas ocasiões semelhantes à perda da bola de golfe, em que você poderá ficar plantado em um mesmo lugar gritando: "Eu não consigo encontrar minha bola"; ou continuar tentando novas táticas e estratégias para dar a volta por cima. Se a demanda pelo seu produto está diminuindo, você tem de encontrar um novo público ou uma nova maneira de embalá-lo – talvez seja o caso de optar por uma nova versão ou até de partir para um produto completamente novo. O que você não pode fazer é ficar no mesmo lugar tentando a mesma técnica porque, se ela não está funcionando e já não existe demanda para seu produto, há poucas chances de que a situação mude no futuro próximo. Não vale a pena esperar, da mesma maneira como não faz sentido ficar procurando uma bola onde ela não está.

Pense nas mudanças em produtos que ocorreram em apenas alguns anos. Em um piscar de olhos migramos dos discos flexíveis (*floppy disks*) para *zip drives* e, em seguida, para *pen drives*.* Então, como líder da Acme Floppy Disk você poderia distribuir grandes bônus de Natal em um ano e, no seguinte, ter de demitir dezenas de funcionários. Será que a Acme Floppy Disk deveria tentar se reinventar ou ficar parada no mesmo lugar gritando que não conseguia mais vender seus produtos?

Pouco mais de dez anos atrás, a Kodak era sinônimo de filmes fotográficos; suas ações na bolsa de valores valiam mais de 90 dólares a unidade. Hoje, a Kodak está se adaptando ao mundo digital e comercializando câmeras fotográficas, *pen drives*, molduras de quadros digitais e outros produtos relacionados. O preço da ação da Kodak vale atualmente entre 4 e 5 dólares. Você ainda pode encontrar filmes no

* O *zip drive* é um tipo de mecanismo para discos magnéticos que armazena grandes quantidades de informação; o *pen drive*, por sua vez, é um dispositivo móvel de armazenamento constituído por uma memória *flash*, que se parece com um isqueiro e oferece uma conexão do tipo USB, o que permite que seja plugado a qualquer computador que tenha essa saída. (N.E.)

site da empresa, mas essa já não é sua força motriz. Além disso, enquanto eles estavam lutando para se adaptar ao mundo digital, a Fuji entrou no mercado, praticamente engoliu a Kodak e ainda levou uma grande fatia do mercado de filmes que ainda restava. De fato, existem dias em que não vale a pena levantar da cama!

A Kodak tinha os recursos para continuar procurando a sua bola de golfe e alocou-os em pesquisa e desenvolvimento de produtos que permitissem que a empresa continuasse competitiva no novo mundo digital. Mas será que eles encararam imediatamente a possibilidade de fracasso? Proeminentes analistas de negócios afirmam que a Kodak embarcou em um processo de negação da revolução digital e não se mexeu suficientemente rápido para implantar as mudanças necessárias à substituição de sua principal fonte de receita. Eu comparo o comportamento da Kodak à relutância do mundo dos negócios em considerar a possibilidade de fracasso. A Kodak vinha há décadas comercializando filmes fotográficos. É muito difícil para executivos que ganham entre 200 mil dólares a 2 milhões de dólares por ano transportarem-se virtualmente para alguns anos no futuro e visualizarem seu mundo desmoronando. Se o fracasso não fosse visto como esse tremendo bicho-papão, como uma incrível barreira mental a ser escalada e vencida, eles talvez tivessem visto o desastre que os esperava e se planejado a tempo para enfrentar o inevitável. Mas é muito fácil negar o perigo iminente quando se está ganhando rios de dinheiro!

O FATOR ERRO

Continue em movimento, mantenha seus olhos abertos e insista em fazer perguntas. Se você parar, os únicos que sairão vencedores serão seus concorrentes, pois você terá se tornado apenas um excelente alvo.

Então que chances temos nós, administradores de pequenas empresas cujos recursos são limitados, para encarar os desafios que surgem constantemente no curso dos nossos negócios? Se abraçarmos a possibilidade de erro como uma maneira de aprender, olharmos objetivamente para o futuro e continuarmos fazendo rápidos ajustes em nossos negócios, procurando diferentes rumos e testando novas maneiras de sobreviver, aperfeiçoaremos nossas chances de nos mantermos vivos mesmo com as mudanças que nos cercam.

Para apoiar o conceito de erro enquanto ferramenta, a principal tarefa é esclarecer a todos os seus colaboradores que eles podem e devem tentar novas alternativas, mesmo sabendo que elas nem sempre funcionarão. Aliás, é preciso que fique claro para todos que, mesmo que as novas ideias não funcionem, a empresa irá sobreviver. Entretanto, vale ressaltar que todos serão generosamente recompensados se forem bem-sucedidos. As empresas mais inteligentes premiarão publicamente o erro, assim como a todos aqueles com "coragem" para tentar algo novo, ousado e desafiador. Você certamente irá deparar com grandes obstáculos profundamente enraizados ao longo das várias décadas em que fomos ensinados a permanecer abaixo do radar, a não assumir riscos, a ficar em silêncio e, acima de tudo, a evitar o erro a qualquer preço. Porém, os verdadeiros líderes precisam instilar o espírito aventureiro e empreendedor em sua força de trabalho.

Ceder o controle ao empregado é um passo importante no sentido de lhe permitir visualizar os desafios inerentes aos negócios no futuro. O funcionário toma decisões melhores quando não tem medo de enfrentar o que vem pela frente e detém o controle sobre seu destino. Em contrapartida, há uma boa chance de que você o aniquile se não deixar que exerça o comando sobre a própria vida. Um novo estudo no Japão (outro, com os mesmos resultados), publicado na edição de abril 2009 da revista *Men's Health*, revela: "Homens com empregos que exigem muito esforço e perícia, e que se sentem excessivamente monitorados, enfrentam chances quase três vezes mais altas de sofrer um infarto em relação àqueles que ocupam posições menos impositivas".

Portanto, além de matar seus melhores profissionais, o controle excessivo, ou o microgerenciamento, também extermina a criatividade e a inovação. Se alguém determina o que você pode ou não fazer em sua sala ou área de trabalho, como você poderá antever a revolução digital que está chegando em um trem bala? Simples: isso não acontecerá, pois foi ensinado pela cultura da empresa a não pensar sozinho. Indivíduos microgerenciados instintivamente aprendem a fazer o jogo seguro e a permanecer abaixo do radar. Para encontrar a próxima grande tendência em negócios, não é possível temer suas próprias ações. É preciso se aventurar rumo ao desconhecido e tentar ações novas. E se você falhar, tente ainda com mais empenho até que algo grandioso aconteça – e, acredite, isso acontecerá se você insistir o bastante e não tiver medo.

Para complicar ainda mais o conceito de liderança, há um tipo de trabalhador que realmente procura proteção e prefere ser controlado; afinal de contas, é mais seguro ser comandado. Nesse caso, não é preciso tomar decisões nem assumir riscos quando alguém lhe diz para não pendurar um quadro em sua sala. Entretanto, se tiver o controle da situação e alguém lhe disser que você poderá pendurar quadros "que sejam considerados apropriados", será necessário tomar uma decisão cultural.

Quando eu administrava minha agência de publicidade, constantemente eu tinha de aprovar requisições de compra de todo tipo de material ou serviço – de passagens aéreas até computadores e livros. Ocorreu-me que era fácil para as pessoas me passarem uma requisição e perguntar se podiam ou não comprar determinado item. Eles não assumiam nenhum risco e não precisavam investir nada naquela decisão. Tornou-se a minha decisão e, quando a compra era um investimento substancial ou "uma grande iniciativa", deveria contar com a decisão do líder. Mas, afinal, se alguém quisesse gastar mil dólares do dinheiro da empresa para participar de um seminário, que risco esse indivíduo estaria assumindo se a decisão fosse tomada por mim? Por isso avisei que a minha aprovação não mais seria necessária para compras pequenas. Cada indivíduo poderia decidir por si próprio se aquele seria um bom investimento para a empresa.

Pois bem, eu avisei e expliquei a nova política, mas adivinhe o que continuei a receber? Isso mesmo! Requisições de compras. Cerca de metade dos meus colaboradores ficou extremamente desconfortável por serem obrigados a tomar decisões sobre despesas. Eu então os chamei para uma conversa e disse: "Vocês não entenderam a nova política? De agora em diante vocês mesmos aprovam suas próprias despesas". Na ocasião ouvi respostas do tipo: "Sim, eu entendo, mas achei que isso era importante, por isso queria que você desse uma olhada". O que eles queriam, de fato, era que eu tirasse de suas mãos o processo de decisão e retomasse o controle. Eles simplesmente não queriam ter a responsabilidade de gastar o dinheiro da empresa de determinada maneira, talvez em parte porque ninguém jamais lhes dera tal controle.

Convoquei então uma nova reunião. Mergulhei alguns pedidos de compra em líquido inflamável e causei um efeito dramático ao incendiá-los diante de todos. Então eu disse, mais uma vez, que eu queria que eles decidissem sobre futuros gastos. No ano seguinte, as despesas com viagens caíram 70%; os gastos com combustível foram reduzidos em 46%, com entretenimento em 39% e com materiais de escritório em 18%, ao mesmo tempo que os negócios da empresa aumentaram em 16%. Sem dúvida alguma, todos passaram a pensar mais seriamente sobre as decisões que envolviam gastos, pois agora a responsabilidade era deles, não minha.

Portanto, se você não consegue encontrar sua bola de golfe ou o rumo a dar ao seu negócio, comece a se mexer rapidamente em direções diferentes e a tentar novas estratégias. Estimule a si mesmo mentalmente e se reinvente a cada dia; abrace o erro como um amigo que lhe ensina o caminho para o aperfeiçoamento. Às vezes até ajuda fingir que você é um pouco neurótico e que o mundo o está perseguindo, pois, adivinhe: o mundo de fato está atrás de você! Alguém está sempre tentando enfiar a mão em seu bolso para tomar o seu dinheiro suado ou roubar suas ideias. Aliás, se você vacilar, eles inclusive roubarão sua bola de golfe.

LIÇÕES DO CAPÍTULO 28

MANTENHA SEUS OLHOS BEM ABERTOS E QUESTIONE TUDO O QUE VÊ

Pense como um inventor. Inventores não são todos gênios, mas sabem algo que o resto de nós desconhece: como fazer simples perguntas, às vezes até infantis, que ninguém se importa em fazer. E se o pão fosse retangular em vez de redondo? Como poderia uma rampa de estacionamento ser mais eficiente em termos de espaço? Como poderíamos produzir um pneu que nunca fura?

Aposte em um novo modelo. Fazer protótipos é uma das ferramentas primordiais dos inventores e inovadores. Considere o produto que sua empresa oferece ou um item que você usa diariamente. Se você pudesse refazê-lo, quantas opções seriam possíveis? Às vezes ajuda imaginar que mexer no custo não é uma opção, mas, em outras vezes, reduzi-lo poderá levar a uma ideia revolucionária. Por exemplo: como esse item poderia custar menos? Com um design que permita refil ou com a compra sendo feita diretamente pelo próprio consumidor, sem intermediários? Como ele poderia operar com uma fonte alternativa de energia? Seria melhor usar um aquecedor solar ou turbinas eólicas? Deveria ser menor ou maior? Vara de pescar ou laptop? Mais seguro? Telefone de ouvido ou com acesso sensível a movimentos? Poderia ser produzido em combinação com outro produto? Telefone com câmera ou TV com um computador embutido?

Onde está sua bola? Se você acha que mudar não transformará totalmente o seu produto ou empreendimento, pense em quantos itens ou serviços que não existiam há cinco, dez, vinte, ou cinquenta anos, mas que usamos hoje e não conseguiríamos sequer imaginar viver sem eles. Internet sem fio? Serviços bancários pela internet? Computadores portáteis? Micro-ondas? Celulares com câmeras fotográficas e acesso a internet? Agora que você está com o olho na bola, dê uma boa tacada!

CAPÍTULO 29
É A ECONOMIA, ESTÚPIDO!

O sucesso não é fatal, tampouco o fracasso:
o que conta é a coragem de continuar.

– WINSTON CHURCHILL

Apoiei a candidatura do atual presidente dos Estados Unidos, Barack Obama, dedicando a ele não apenas meu tempo, mas também algum dinheiro. É difícil guardar segredo sobre esse tipo de ação nos dias de hoje. Qualquer um que entre no Google e procure por "Ralph Heath" conseguirá facilmente visualizar quanto eu doei para a campanha. Entendo a necessidade de o público saber quem apoia nossos candidatos, mas confesso que sempre tive uma visão romântica da "urna secreta". Agora, quando alguém faz doações a um candidato, isso fica sempre disponível para que todos vejam.

Até o momento, sinto-me levemente desconfortável com a liderança de Obama. Mas devo admitir que tremi de medo quando, em fevereiro de 2009, ele anunciou que nós "não olharíamos para trás" para tentar resolver a atual crise econômica. Creio que todos os norte-americanos sabem o que ele quis dizer em termos gerais, mas não olhar para trás para enaltecer e aprender com os nossos erros é um dos maiores problemas no processo de "consertar" os equívocos passados. É por isso que eu advogo pela celebração do erro – pelo uso dos erros cometidos como um método para aprender com a nossa própria experiência e não repetir os mesmos enganos no futuro.

Quando você começa a buscar pelas causas que provocaram a quebra do sistema, a percepção geral é de que você imediatamente começará a apontar o dedo para os culpados. Isso é percebido como algo muito ruim, uma vez que desdenhamos erros e fracassos em vez de celebrá-los como oportunidades de aprendizado. Então, os indivíduos que são considerados responsáveis oferecem desculpas por seus erros e dizem que não foi sua culpa. Eles se tornam extremamente defensivos sobre a parte que lhes cabe na situação. O que precisamos que elas digam é: "Sim, eu estava lá na linha de frente tentando fazer o melhor possível, mas falhei. Analisei o que fiz de errado e aqui está a solução que garantirá que o problema nunca mais acontecerá". Entretanto, isso não ocorrerá. Pelo contrário, elas inventarão histórias mirabolantes para explicar como elas não tiveram nada a ver com o problema e começarão a apontar o dedo para outros. Quase simultaneamente, surgirá outro grupo para culpar aquele que está perto da cena do crime e acusá-lo por sua participação no colapso financeiro do mundo. Essas pessoas começarão então a exigir que algumas cabeças sejam cortadas. Afinal, alguém precisa ser responsabilizado e punido por toda a miséria e pelas perdas que os Estados Unidos e o resto do mundo estão sofrendo.

É isso o que fazemos com as pessoas que pisam na bola: nós demitimos os maus elementos publicamente porque eles são considerados ervas daninhas. Não aprendemos nada com esse comportamento, mas, de alguma maneira, ele nos faz sentir melhor porque, afinal, alguma medida foi tomada, mesmo que tenha sido a errada. Mas e se muitas dessas pessoas não forem realmente más? E se elas forem apenas como você e eu, e estivessem tentando fazer o melhor possível para manter a economia global funcionando a todo vapor? Quão fácil pode ser liderar uma complexa economia global?

O FATOR ERRO

Assuma a responsabilidade pelo que faz. Se você apenas reconhecer o erro, fracasso ou problema, mas ainda assim culpar outra pessoa, simplesmente parecerá fraco (e até um pouco estúpido) por não fazer nada além de apontar o dedo. Estamos juntos nessa jornada. Quando foi que decidimos desistir de sermos cidadãos do mundo para nos tornarmos apenas democratas, republicanos, conservadores da direita ou membros da oposição?

O problema em não olhar para trás e analisar os erros que enfrentamos está no fato de isso não resolver nada; pior ainda, não aprenderemos nada com nossas atitudes e certamente repetiremos nossos erros. Mas e se tratássemos o "erro" de uma maneira completamente diferente? Será que o conselheiro econômico do então candidato à presidência dos Estados Unidos John McCain, o ex-senador republicano Phil Gramm, ou o congressista democrata Barney Frank queriam ver o sistema econômico mundial desabar quando o primeiro advogou pela desregulamentação bancária e o último defendeu que empréstimos se tornassem mais acessíveis para pessoas de baixa renda? Tenho certeza de que ambos estavam fazendo apenas o que consideravam melhor para o país (e talvez um pouco por suas respectivas carreiras políticas).

Será que os antigos presidentes do Citibank construíram um dos maiores bancos do mundo para que, se o pior acontecesse e a instituição fosse suficientemente grande, o governo não pudesse deixá-la falir? Eu não creio. Acredito que eles estivessem apenas fazendo o que todos os banqueiros fazem – comprando outros bancos e fazendo fusões com outras organizações para garantir mais valor para os seus acionistas, o que faria com que fossem vistos como heróis, não como os vilões que são considerados hoje. Não estou dizendo que não existam pessoas de má-fé nessa novela econômica, porque de fato existem, apenas estou enfatizando que também há muitos indivíduos bons, bem-intencionados e que estavam dando o melhor de si, mas infelizmente falharam. Isso é o que geralmente acontece quando se está tentando fazer o melhor possível. Se criássemos uma cultura na qual pudéssemos racionalmente discutir nossos erros e analisar onde erramos sem tentar linchar os que já erraram, poderíamos aprender mais com nossos equívocos, evitar repeti-los e nos poupar da desgraça resultante.

Lance Armstrong acredita em analisar o erro para alcançar o sucesso (leia uma de suas citações no início do capítulo 12). Ele talvez tente ganhar a Tour de France pela oitava vez no verão de 2009. Imagine se ele não conseguir ganhar. Ele deveria demitir o seu treinador, que o treinou nas sete vitórias já alcançadas, sem "olhar para trás" e analisar onde o seu treinamento talvez tenha falhado? Ou ele deveria sentar-se com o seu treinador e rever a sua preparação pré-corrida? Que treinador você preferiria que o treinasse no ano seguinte? Eu gostaria da pessoa que aprendeu onde ele errou e provavelmente agora sabe como consertar o erro depois do sofrimento da derrota. Aquele treinador tem agora a melhor preparação possível, pois ele experimentou tanto a vitória como a derrota e, portanto, conta com informações valiosíssimas. Eu escolheria o treinador que perdeu a oitava volta em vez de ir ao mercado procurar um novo treinador sem nenhuma experiência. Na realidade, o treinador de Armstrong deverá ser um profissional muito mais preparado indo em busca de sua nona vitória do que ele era quando tentou a oitava, por causa do conhecimento que a derrota pode nos trazer quando nós a abraçamos. Essa é a premissa deste livro.

Eu sei que alguns dirão que odeiam examinar o fracasso por medo de que esse seja um tipo de doença contagiosa. Mas certamente não o é se você tiver a sabedoria de abraçá-la como um título de honra e uma ferramenta de aprendizado.

Um dos editores que no início revisou o manuscrito deste livro disse que meu livro não passaria no "teste do metrô". (Se você for como eu, provavelmente nunca ouviu falar do teste do metrô. O teste supostamente diz que ninguém quer ser visto no metrô lendo um livro sobre fracasso.) Eu quase surtei quando ouvi aquilo e imediatamente assinei um contrato com a Career Press, que teve a coragem de publicar um livro com a palavra fracasso no título.* É aí que está o problema. O medo de errar é tão poderoso que as pessoas não podem sequer pensar nele, não podem se associar a ele (mesmo em uma capa de livro), e não podem examinar seus erros para entender o que deu errado.

Aqueles que não aprendem com a história estão condenados a repeti-la.
– Winston Churchill

* O autor refere-se ao título original deste livro, que é *Celebrating failure* [Celebrando o fracasso]. Na edição brasileira optamos por não utilizar uma tradução literal do título original. (N.E.)

LIÇÕES DO CAPÍTULO 29

INTRODUÇÃO À HISTÓRIA

Não sendo um professor de história, não posso ter a presunção de ensiná-la aos outros. Porém, o que sei com certeza vem de minha experiência pessoal, e a experiência é o melhor professor. As lições que aprendi com a minha experiência com erros e fracassos são as maiores lições que a vida me deu. Para mim, este livro é a maneira de lutar para aprender bem as lições – a fim de não repeti-las.

Como inspiração para encarar os fracassos e analisar a minha história pessoal, eu normalmente me refiro às palavras de outros escritores, poetas e líderes – pessoas que expressam seus pensamentos mais graciosamente que eu. Aqui estão algumas dessas palavras:

A História, apesar de sua agonizante dor, não pode ser desfeita, mas, se encarada com coragem, não precisa ser vivida novamente.

– Maya Angelou

A História é um guia para navegarmos em tempos perigosos. A História é quem somos e por que somos desse jeito.

– David C. McCullough

A História tem demonstrado que os mais notáveis vencedores geralmente encontraram obstáculos extremamente difíceis antes de vencerem. Eles venceram porque não se desencorajaram jamais diante das suas derrotas.

– B.C. Forbes (fundador da revista *Forbes*)

CAPÍTULO 30
MUDANÇA É A MINHA DROGA POR ESCOLHA

Já perdi mais de 9.000 tacadas em minha carreira. Perdi quase 300 jogos. Por 26 vezes fui escolhido para dar a tacada vencedora e errei. Falhei várias vezes em minha vida. E é por isso que sou um vencedor.

– MICHAEL JORDAN

Eu tive uma experiência empresarial única na Ovation Marketing, algo que poucas pessoas neste planeta experimentarão. Eu consegui começar uma agência de publicidade sem nenhum dinheiro e, com a colaboração de um grupo de pessoas incrivelmente leal, consegui transformá-la em uma empresa que chegou a ter em média 25 milhões de dólares por ano em receitas capitalizadas e empregou uma média de trinta ou mais associados. E então, depois de 31 anos, decidimos fechar as portas e buscar novas aventuras e novas experiências de vida.

Eu adoro mudanças. Eu me supero com mudanças. Fico turbinado. Mudança é a droga que eu uso. Não importa se é uma mudança no ramo de negócios ou uma corrida de bicicleta que nunca fiz – os meus sentidos despertam quando eu me exponho a novas aventuras.

O melhor caso que tenho para contar sobre mudança aconteceu com o meu primeiro "emprego real". Recém-saído da faculdade, gerenciei uma emissora de rádio por seis anos. Como parte do trabalho, eu escrevia (a minha primeira paixão) comerciais, e as pessoas diziam:

"Nós gostamos dos anúncios na rádio; você não gostaria também de fazer nossos anúncios impressos e de TV?". E assim nasceu a Ovation Marketing. Eu adorava o trabalho na rádio e o cheque regular todo mês, mas o desafio de mudar e brincar com novas mídias era muito grande para ignorar, portanto eu me demiti da rádio e ganhei 13 mil dólares no meu primeiro ano trabalhando sozinho. Achei ótimo – não o dinheiro inicial, mas a mudança de empregos. Você faz a mesma coisa por cinco ou seis anos e depois muda de emprego e encontra algo novo para fazer; aquilo era excitante para mim.

Agora, passados 31 anos, eu me pergunto como acabei tendo esse histórico de longevidade como dono de uma agência de publicidade. Penso que isso diz muito a respeito das pessoas com quem trabalhei. Eu simplesmente gostava demais do que fazia para mudar de emprego. Foi difícil sair do palco. Várias vezes, quando tudo ficava difícil, como sempre fica (especialmente com agências de publicidade), pensei em sair, mas depois considerava: "Não posso sair quando tudo está ruim, vou esperar e ajudar a dar a volta por cima". E assim que tudo melhorava, eu estava adorando novamente o desafio e acabava ficando.

Idealmente, um empreendedor (e eu sou um) quer construir uma empresa que continue a existir no futuro sem ele. A Ovation não conseguiu passar nesse teste, mas por todos os parâmetros de medidas, em especial o financeiro (o principal medidor), ela foi extremamente bem-sucedida. Ao longo dos anos, tive em torno de 25 boas oportunidades de vender a empresa. Nenhuma delas jamais me interessou porque eu gostava muito do que fazia e porque deixava alguns dos meus leais associados apreensivos – especialmente a muito competente equipe de média gerência, pois eles pensavam, de maneira equivocada eu acredito, que perderiam o emprego em algum tipo de reestruturação. Eu também não queria vender porque sei que eu não duraria dois dias trabalhando para alguém (posso estar exagerando um pouco a respeito do segundo dia) e finalmente porque vender uma agência de publicidade é extremamente difícil na melhor das circunstâncias.

Ninguém paga adiantado por uma agência. Eles pagam com o *cash flow* que o negócio gerar ao longo dos cinco ou dez anos seguintes à compra. Então você constrói relacionamentos com clientes, depois anuncia que está partindo e tenta vender para estranhos esses relacionamentos e o negócio que você estava tocando até então. Mas você não possui esses relacionamentos. Simplesmente juntou um grupo de pessoas talentosas para gerenciar os relacionamentos e fazer excelentes trabalhos de criação. Vender uma agência para terceiros é uma proposição tênue, na melhor das hipóteses.

O que eu de fato queria fazer a certa altura (e essa hora nunca chegou) era vender os 60% restantes da Ovation para os meus associados. Eu, meio ingenuamente, pensei que não seria tão difícil encontrar um novo líder, passar o bastão, me retirar e buscar outros desafios. E talvez não fosse mesmo tão difícil sob condições ideais. Mas logo tivemos de enfrentar a tempestade perfeita!

Ansioso por mudança, eu vinha testando outras oportunidades de carreira, e em 2007 me aproximei de um respeitado aspirante a candidato presidencial, alguém que eu muito admirava. (Estou honrando uma promessa que fiz de que não escreveria sobre essa experiência – uma promessa difícil para um escritor – além de dizer que foi uma experiência extremamente positiva e gratificante.) Meu objetivo expresso e declarado era ajudá-lo a se eleger presidente dos Estados Unidos. Eu sei que parece estranho escrever essas palavras, mas isso era o que o meu lado empreendedor queria fazer da minha vida em 2007. Para a minha surpresa, o candidato aceitou a minha ajuda. Eu pensei que seria uma ótima maneira de fazer a transição de publicidade para uma carreira relativamente nova na qual eu poderia utilizar minhas competências de gestão e marketing, especialmente com o potencial apresentado pela internet em comunicação e levantamento de fundos (que Obama soube usar maravilhosamente). O candidato, que eu muito admiro, deixara claro desde o início que ele ainda não havia se decidido se iria ou não concorrer ao mais alto posto da nação, embora ele estivesse considerando candidatar-se e estava sendo bem cotado nas pesquisas nacionais. Devo esclarecer que estávamos falando de algo cuja probabilidade de acontecer estava bem longe, passível de muitas variáveis, semelhante ao candidato que eventualmente acabou ganhando as eleições. Trabalhei para o tal candidato por um ano até que ele finalmente decidiu, para a minha decepção, que não buscaria a presidência dos Estados Unidos em 2008. Assim que eu soube do anúncio oficial à imprensa saí, em ótimos termos, da equipe que o assessorava. Devo dizer que admiro profundamente a organização e a confiança que eles tiveram, permitindo que me envolvesse com aquele grupo interessante de pessoas. Eles trabalham em um mundo diferente e excitante.

Determinado a procurar novas oportunidades empreendedoras, decidi terminar o livro que vinha escrevendo ao longo de vinte anos – este que você tem em suas mãos – e parti para encontrar um agente e uma editora no verão de 2008.

Confesso que não acho difícil, assustador ou estressante mudar de carreira. Em menos de dois anos, uni esforços com um muito respeitado agente literário, uma grande editora e um grande candidato à presidência dos Estados Unidos. Mudança é bom, e toda vez que eu saí do ninho gostei imensamente.

Então, para começar a considerar a ideia de vender a agência aos meus associados, pedi a uma dos meus talentosos e competentes vice-presidentes na Ovation para assumir a minha posição enquanto eu graciosamente deixava o palco para me dedicar aos meus primeiros amores na vida: escrever e dar palestras. E foi aí que tudo começou a se complicar. Os dois maiores clientes da Ovation, Anheuser-Busch e Aearo Technologies, foram quase simultaneamente adquiridos por grandes multinacionais – InBev e 3M – respectivamente. O relacionamento que tínhamos construído ao longo dos anos e os motivos para a nossa contratação mudaram rapidamente. Os novos departamentos de marketing tinham maneiras diferentes de trabalhar e outras prioridades. Além disso, a economia nacional estava rapidamente se deteriorando e as verbas de marketing das empresas da *Fortune* 500, que eram os vasos sanguíneos da Ovation Marketing ao longo de 31 anos de história, foram secando. No outono e inverno de 2008/2009, ninguém estava procurando estabelecer novas iniciativas de marketing um-a-um para se conectar com os seus clientes, e isso era o que a Ovation melhor fazia.

Embora pudéssemos ter continuado com a agência, reconstruir a Ovation com clientes do calibre de uma Anheuser-Busch e Aearo Technologies teria exigido uma tremenda quantidade de tempo, energia e dinheiro, em uma época em que eu estava tentando sair do negócio para publicar e vender meu livro. Em consulta com os meus sócios na agência, decidimos simplesmente fechar a Ovation Marketing e buscar novas aventuras. Embora fosse de esperar que uma história de 31 anos continuasse a se desenvolver no futuro, passamos a ter outras prioridades, e o tempo de celebrar o sucesso e seguir em frente era ideal.

Se eu faria algo diferente? Não propriamente. Do ponto de vista estritamente financeiro, alguns podem dizer que eu deveria ter me empenhado melhor em vender a Ovation quando as ofertas surgiram e ter saído anos atrás, talvez negociando a empresa por muito mais do que eu acabei vendendo, se não tivesse ficado na empresa todo esse tempo. Mas isso é questionável. As estrelas e a lua têm de estar quase perfeitamente alinhadas para alguém "faturar alto" com uma agência de publicidade. Além disso, eu nunca quis vender.

A Ovation foi semelhante a muitas agências de publicidade que acabam dependendo muito de algumas poucas grandes contas? Absolutamente. Desde o primeiro dia. Como acontece com a grande maioria das agências de publicidade, é a natureza do jogo. Escrevi em um capítulo anterior sobre a necessidade de uma agência neutralizar constantemente o cliente gorila. É um problema do qual tínhamos consciência e estávamos sempre tentando diversificar a nossa carteira de clientes.

Em determinado momento, é melhor dizer "basta". Foi legal, 31 anos de prazer e realizações, e eu não tenho mais nada que provar na arena de publicidade. Agora gostaria de tentar algo novo e diferente, porque mudar é bom!

Atualmente sei que sou um empreendedor em série. Quando um empreendedor começa um negócio e ele cresce, torna-se uma entidade que precisa de disciplina, processos e planejamento estratégico de longo prazo, ele precisa ou deixar a empresa e começar outro negócio ou ver se ele tem a habilidade de administrar com sucesso o que ele começou, o que requer um conjunto completamente diferente de competências. Sinto-me confortável de saber que posso fazer os dois. Se apontassem uma arma para a minha cabeça e dissessem: "Você precisa escolher entre passar a vida começando novos negócios ou administrando uma empresa no longo prazo", eu diria: "Atire". Adoro as duas coisas. Mudar é bom.

LIÇÕES DO CAPÍTULO 30

FECHANDO UMA PORTA – ABRINDO UMA JANELA

Mudança e erro. Você já confundiu mudança com erro? Mudança é transformação. Erro é a falta de sucesso. Mudança é certo. Erro não. Você evita mudanças em sua vida porque teme errar?

Libere o seu medo. Você sabe que tem um nome para o medo de fracassar? Atichifobia. Significa um medo extremo, irracional, que nos impede de fazer alguma coisa que queremos. Não se vive assim! Algumas pessoas têm medo do futuro desconhecido que as mudanças representam. Algumas pessoas têm medo até do sucesso porque, se elas não conseguirem manter o sucesso, elas se considerarão um fracasso!

Não deixe o medo limitar a sua vida. Aja. O que quer que tenha medo de fazer faça. Um pequeno passo ou um grande salto. Como um homem de publicidade, um atleta e um treinador no mundo dos negócios, meu conselho para superar o medo é seguir a famosa vinheta da Nike – "simplesmente faça".

Comece já, errando e fracassando. Depois celebre os seus erros porque cada vez que errar você vai aprender como melhor vencer!

Este livro foi impresso
em papel offset 75g
pela Assahí Gráfica